# これからの天皇制と道徳教育を考える

過去の歴史を直視し、日本国憲法を根っこに据えて

岩本　努
丸山重威
著

JN135004

あけび書房

# はじめに

共同通信を中心にした全国の38新聞社による日本世論調査会が２０１８年12月に実施した皇室問題についての世論調査結果が、新年になって発表されました。

それによると、皇室に対しては、71・０％が関心を持ち、49・７％が「親しみを感じる」、18・８％が「すてきだと思う」、そして、10・１％が「尊くて恐れ多い」と答え、「何とも感じない」は18・６％、「反感を持つ」は０・８％に過ぎませんでした。最近多くおこなわれている電話による調査ではなく、12月８、９日の両日、層化２段無作為抽出法で全国２５０地点から３０００人を選び、面接調査をするという従来の調査方式で、１５６１人から回答を得たものでした。

12月上旬の調査でしたから、天皇誕生日の天皇会見はまだおこなわれていない段階での国民世論ですが、「明仁《あきひと》天皇（平成の天皇）がおこなってきた活動で何を評価するか」と、２つを選ぶ質問には、「被災地のお見舞い」69・６％、「外国訪問など国際親善」37・４％、「国内外をめぐっての戦没者慰霊」29・０％、「障害者や高齢者、ハンセン病元患者や弱者への励まし」

17・3％などが多くの支持を得ていました。

天皇制については、「今のままでよい」が78・7％で、「神聖な存在にする」6・3％や「現在より少し政治的な権限を与える」9・2％にたいし、「天皇制は廃止する」は3・6％に過ぎませんでした。

２０１６年7月のテレビ報道に始まった「天皇代替わり」の動きは、２０１９年を迎えて、大きな社会的、政治的イベントになってきています。戦後「象徴」になった天皇は、改めてその存在や地位、行動を問われることになりました。そして、かつての日本の歴史や戦争の惨禍を含め、後世に何を伝えるべきかという、教育の問題や憲法を含めたこれからの日本のあり方が提起されてきています。

かつてジャーナリズムでは、「菊」＝天皇問題は「タブー」の一つに数えられ、大きく取り上げられることは稀でした。新聞では第2社会面の左上に大きくなく、というのが皇室ニュースの定位置でした。

明治憲法時代の「天皇大権」を復活させ、かつての天皇制の下での専制国家を目指す勢力に対し、天皇制を廃止し、共和制による民主国家を目指すべきだとする主張が強かった時代には、紙面づくりを神経質にさせていました。

しかし、「憲法を遵守する」と宣言して即位した明仁天皇はその30年間の在位のうちに、被災地訪問や慰霊の旅を続け、併せて皇族の動向も含め皇室ニュースも増えてきました。天皇の行動や発言は、「国事行為」ではもちろんないものでしたが、国民の多くの共感や支持を得ることになってきたからだ、と考えられます。

結果的に、憲法にはない「象徴としての行為」を広げていくことになりました。言い換えれば、誰もはっきりと言わなかった日本国憲法における「象徴」とは何かについて、その是非はともかく、天皇自らが「解釈」し、「実践」してきた、と言うことができると思います。

しかし私たちは、かつて日本の国家権力を専横した勢力が天皇を政治利用するなかで理性的、科学的判断を狂わせていったこと、結局、侵略戦争に進み、310万人の同胞と2000万人ものアジアの人たちの命を奪ったこと、そしてその根源に、ものを考えさせようとしない時代風潮、社会の空気、そして教育勅語や戦陣訓をはじめとする「天皇制教育」があったことを忘れるわけにいきません。

なぜそうなったか、誰にどういう責任があったのか。それは簡単には解明できないことですが、かつての戦争が、「天皇制」という専制国家体制の下で、「天皇」の名によって遂行されたことは否定できない事実です。そして、「ものを言わないように育てられた国民」が、そういう歴史を作ってきたことも否定できないことなのです。

当時の日本人は、「現人神《あらひとがみ》・天皇によって統治される神の国・日本は永遠に不滅だ」と教育され、信じ込まされ、アジア侵略に突き進みました。科学的、論理的思考は失われ、現在では滑稽とさえ思われる事態が学校で、職場で、家庭でなされていました。その材料とされたのが、教育勅語や御真影、奉安殿でした。

現人神であり、万世一系の統治者であり、神聖で侵すべからざる天皇を使った国家統制と、そこでおこなわれた戦争…。敗戦後、日本を民主国家に生まれ変わらせようとした米国と、自由と正義を復活させ、国民主権国家に生まれ変わらせようとした国民が、最も警戒し、改めていかなければならないと考えたのが、この「天皇制」だったことも確かです。

明仁天皇は、そうした父親の時代の責任を自覚する中で「慰霊の旅」を続けたようですし、「象徴天皇」がその歴史の反省の中から生まれたものであることを自覚し、考え続けてきたようです。

退位の年を控えた2０１８年12月23日の天皇誕生日に、「平成が戦争のない時代として終わろうとしていることに、心から安堵しています」と述べた明仁天皇の言葉は、「国政に対する権能」を持たないまま「日本国と国民の統合の象徴」としての役割を負わされ、はらはらしながら過ごした彼の30年の心からの感慨だっただろう、と推察することができます。

しかし、いまなお国内には、天皇の退位によっておこなわれる「代替わり」を利用し、かつての天皇中心の制度を復活させ、あるいは改変・強化して、支配者に都合のよい社会認識や教育制度を作ろうとする動きが活発になってきました。一体それは何なのか？

日本国憲法の下で「象徴」となった天皇をめぐる制度は、論争を恐れる「タブー」もあって、曖昧なまま年月を経てきました。

私たちはそこで、改めて日本国憲法下での天皇を考え、その存在や影響、果たしている役割を見つめ、国民的な議論を巻き起こしていくことがどうしても大切だ、と考えるに至りました。平成に続く次の時代も戦争のない、平和と諸国民の共生の時代とするために、新しい時代にも天皇制度があるとすれば、どうあるべきか、過去の過ちを次代に伝えるために、いまいちど見つめ直してみたいと思います。

１９４１年と１９４２年早生まれの私たち筆者二人はともに、日本国憲法施行の翌年１９４８年４月に小学校に入学しました。そして、その最初から日本国憲法で教えられ、日本国憲法で学び、考えてきた世代です。「象徴天皇」という言葉は詳しくは知りませんでしたが、天皇がすべての問題を絶対的に決める「権力」としての存在ではなくなったことは、どこからか伝えられ、知っていました。しかし、父母を含め近しい人々は天皇のことなどは発言せず、沈黙したままでした。

この本は、東京都内で、「明治150年と天皇代替わり」のシンポジウムを開いたとき、私たちがパネリストを務めたことから始まりました。

「天皇問題はなぜか議論しづらい、しかも難しい問題のような気がする。明仁さん、美智子さんのご夫婦には、好感を持っている人が多いのだが、憲法からいえば、いろいろとおかしなことがあるらしい。どう考えたらいいのだろう。

もう一方で、天皇を利用して、日本を昔のような「国民より国家」を中心にし、「戦争する国」にしようとしている動きが露骨だ。「明治に学べ」と礼賛しながら「強い日本」を強調して、国民の意識を操ろうとしている政権とその宣伝をきちんと問題にしていかなければならない」…。

シンポが終わってからも、そんな議論をしているうち、どう考えればいいか、問題を整理したわかりやすい読み物が必要だ、という話になりました。専門書ではなく、読者のみなさんと一緒に考え合うことのできる本、手引きとなる本…。それはあけび書房の久保則之代表の提案でもありました。

私たちは2人とも、「天皇」や「皇室」の専門家ではありません。岩本は教育史、丸山はジャーナリズムの分野を専門としています。しかし、国民の「意識」を作っていく、そのどちらの立場から見ても、「天皇をどう考えるか」は重要でした。むしろ専門外であるからこそ、わかりやすく、問題を考えることができるとも考えました。

いま、教育の場で復古主義的な逆コースの制度が次々と作られ、進められています。そのなかで、「代替わり」がなされます。「代替わり」が、教育や社会の風潮に政治利用されていくことは、何としても防がなければと思います。それを防ぐことで、「新しい時代の象徴天皇制」を考えていくことも必要だと考えました。

２０１９年正月2日、一般参賀には15万人の人々が皇居に集まりました。「平成が戦争のない時代として終わろうとしていることに、心から安堵しています」と語り、涙ぐんだ明仁天皇の心情に、多くの人たちが共感した結果だった、と思います。明仁天皇は「我が国の戦後の平和と繁栄が、このような多くの犠牲と国民のたゆみない努力によって築かれたものであることを忘れず、戦後生まれの人々にもこのことを正しく伝えていくことが大切であると思ってきました」とも語っています。ただ、このようなことを述べること自体が「憲法違反だ」という意見もあります。どう考えたらいいのでしょうか。

この「代替わり」にあたって、改めて「天皇制」と憲法、「天皇制」と教育を考えてみたいと思います。

本書を平和を願う多くの世代の方々にお贈りします。

２０１９年2月21日

岩本　努
丸山重威

もくじ

# Ⅱ部 戦前の天皇制教育から今日の道徳教育への道

岩本 努

I部

# これからの天皇制を考える

丸山重威

# 1章　いま、何が問題なのか

## クローズアップされた「大嘗祭」

「具体的にもし言うのであれば、例えば、即位の礼は、これは国事行為でおこなわれるわけです。その一連のものは。ただ、大嘗祭《だいじょうさい》については、これは皇室の行事としておこなわれるものですし、ある意味の宗教色が強いものになります。私はその宗教色が強いものについて、それを国費で賄うことが適当かどうか、これは平成のときの大嘗祭のときにもそうするべきではないという立場だったわけです」

「整理の仕方としては、一つの代で一度きりのものであり、大切な儀式ということから、もちろん国もそれについての関心があり、公的性格が強い。ゆえに国の国費で賄うということだと……。平成のときの整理はそうだったわけですね。ただ、今回もそうなるわけですけれども、宗教行事と憲法との関係はどうなのかというときに、それは、私はやはり内廷会計でおこなうべきだと思っています」

「天皇代替わり」後は、「皇嗣《こうし》」として天皇の跡継ぎ第一順位となる秋篠宮文仁《あきしののみやふみひと》親王は2018（平成30）年11月22日、自らの53歳の誕生日の記者会見でこう述べて、政府の大嘗祭の支出について、政府の方針を批判しました。

「宗教行事と憲法との関係はどうなのかというときに、それは、私はやはり内廷会計でおこなうべきだと思っています。今でも。ただ、それをするためには相当な費用が掛かりますけれども…」

「そのことは宮内庁長官などにはかなり私も言っているんですね。ただ、残念ながらそこを考えること、言ってみれば話を聞く耳を持たなかった。そのことは私は非常に残念なことだったなと思っています」

これに対し、山本信一郎宮内庁長官は、「いろんな議論を整理してご説明した。そのようにお受け止めになったのであれば申し訳ない。お叱りと受け止めたい」とコメントしましたが、秋篠宮には大嘗祭について規模を縮小した具体的な案を含めて提案していた、とも12月26日には報道されました。

言うまでもなく、天皇や皇族が「国政」に関することを発言したり、批判したりすることは憲法上あり得ないし、許されることではありません。憲法第4条は「天皇は、この憲法の定める国事に関する行為のみを行ひ、国政に関する権能を有しない」と規定、第3条には「天皇の国事に関するすべての行為には、内閣の助言と承認を必要とし、内閣が、その責任を負ふ」とされています。

ですから、天皇の地位に関わる「退位」という問題については、本来、「天皇の意向」に関わりなく、国としてどうしていくかを内閣が制度設計し、国会、国民に提案するべきことだった、と考えられますし、「大嘗祭とは何か」については、改めて見てみることにしても、この秋篠宮の発言が「国政に関わること」であったとしたら、内容以前に、その発言自体が問題にされる可能性があるものでした。

国民の税金によって成り立つ国家予算のうち、今回の代替わりには、大嘗祭の費用として約27億円が予定されています。宮内庁が管轄する皇室予算のうち、天皇一家や皇族の生活費は、内廷費、皇族費として支出されていますが、もとは同じ税金です。右のポケットから使うのではなく左のポケットから、と主張されているようにも聞こえますが、この儀式を天皇家の私的儀式と考えるか、国の儀式と考えるのかは、儀式の宗教性にも関わる重要な問題です。

そしてこれは、日本国憲法との関わり、日本の国のあり方を考えていくうえで、天皇とは何か、どう考えるべきか、を正面から問いかけています。

## 「代替わり」は明仁天皇の発言から始まった

今回の「代替わり」が、２０１６（平成28）年7月13日のＮＨＫスクープに始まり、同８月８日の明仁天皇の発言で具体的に動き出したものであることは、誰から見ても否定できないことでした。「天皇の意向」を報じたこのスクープに、宮内庁も内閣も「知らない」と言っていましたが、８月８日、天皇は自らビデオ・メッセージで国民に伝えるという行動に踏み切り、明治以降では初めての「生前退位」という形の「天皇代替わり」がおこなわれることになりました。

次第に明らかになってきたことでは、明仁天皇は２０１０年頃から生前退位の意向を口にしており、宮内庁も２０１４年頃には、非公式に官邸に対し、生前退位の検討を要請していた、と言われています。安倍官邸はこの要請には取り合わず、天皇の意向を握り潰してしまっていたため、この形での表明しかなくなっていたのが実情だった、とも言われています。

この天皇発言を受けて、安倍官邸がとった行動は、翌年春と考えられていた風間典之宮内庁長官の退任を急遽早め、9月26日付で山本信一郎次長の昇格、そして、宮内庁次長に官邸で内閣危機管理監を務めた西村泰彦氏（第90代警視総監）を充てる人事を決めたことでした。政府関係者のひとりは、「お気持ち表明に関し、誰かが落とし前をつけないと駄目だ」と述べた、との報道もあるようです。

つまり、かねてから、明治専制国家体制への「復古」を主張し、「絶対主義専制国家」の皇室を夢見る「右派勢力」に支えられた安倍政権は、1990（平成2）年11月12日の即位のときから「日本国憲法を遵守」すると述べ、2004年の園遊会では、「君が代、日の丸を日本中の学校に徹底させたい」という米長邦雄東京都教育委員（永世棋聖）の発言に「強制になるということでないことがね」「あのー、望ましい、と」などと答え、各地に慰霊の旅を続ける天皇の姿勢は、どこか煙たい存在だったのではないかと思われるのです。

## 「即位礼」での明仁天皇のことば

さきに、日本国憲法及び皇室典範の定めるところによって皇位を継承しましたが、ここに即位礼正殿の儀を行い、即位を内外に宣明いたします。

このときに当り、改めて、御父昭和天皇の六十余年にわたる御在位の間、いかなるときも、国民と苦楽を共にされた御心を心として、常に国民の幸福を願いつつ、日本国憲法を遵守し、日本国及び日本国民統合の象徴としてのつとめを果たすことを誓い、国民の叡智とたゆみない努力によって、我が国が一層の発展を遂げ、国際社会の友好と平和、人類の福祉と繁栄に寄与することを切に希望いたします。

2016年8月8日のビデオ・メッセージによる明仁天皇の発言は42〜45ページに掲載して

ありますが、乱暴に要約すると、次のようなものでした。
「私自身、高齢による衰えを感じているが、天皇の高齢や病によって、活動が不十分になると象徴としてのつとめが十分果たせなくなる。これは、摂政など誰か別の人に代わりにやってもらうというものではない。また、昭和天皇の末期のようになり、天皇が亡くなると、葬儀など諸々の行事によって、社会の停滞や国民生活へのマイナスが生じることになる。こういうことは避け、象徴としてのつとめが安定的に続いていくことが必要だ。こうした点について、国民の理解を得たい」

天皇は、憲法ではその行動を厳しく制限されながら、その憲法を守ることで天皇のあり方も追求していこうという意思を明確に貫き、打ち出してきていました。憲法を守って天皇のあり方を追求する。つまり、それは「象徴天皇」とは何か、ということでした。

憲法に決められた「国事行為」ではない。しかし、天皇の「公的行為」として報道されてきた活動は、次第に拡大され、次第に社会的な意味を持ってきていました。

「災害被災地のお見舞い」「沖縄をはじめとする各地への慰霊の旅」「ハンセン病、水俣病などの被害者、障害を持つ人たちなどの激励」など「国事行為」ではない天皇の積極的な活動は、「象徴天皇の行動」として、少なくとも天皇自身の中では、明確に位置づけられていた、ということができると思われます。

## 問題を矮小化、一代限りの特例法に

前述のとおり、困ったのは安倍政権です。天皇の発言は明らかに国の制度についての発言ですから、政府が天皇の提案を受けて行動するということでは、憲法上の疑義があるとの指摘が出るのは当然です。しかし、憲法を改正し、天皇を「元首」とした旧体制を復活させたいと密かに思っている安倍政権としては、天皇の生前退位や世継ぎ問題、女性天皇、女性皇族の問題を正面から取り上げたくない。取り上げると、政権最大の支持勢力である「日本会議」など右派言論人、右翼勢力の分裂を招きかねない問題だったのです。

そこで、政権が考えたのは、例によって「有識者会議」です。早速、天皇が理由の一つに挙げた問題を「天皇の高齢による公務負担の限界」に矮小化し、同年10月17日に「天皇の公務の負担軽減等に関する有識者会議」を設置しました。

有識者会議のメンバーは、今井敬日本経済団体連合会名誉会長、小幡純子上智大学大学院法学研究科教授、清家篤慶應義塾塾長、御厨貴東京大学名誉教授、宮崎緑千葉商科大学国際教養学部長、山内昌之東京大学名誉教授。天皇問題の専門家ではなく、政権と遠くない人たちが選ばれました。

有識者会議は、専門家を含め各界の人々にヒアリングし、論点整理と対処の方向について議論し、２０１７年4月21日、「一代限り」の退位を認める報告書を出しました。退位後の天皇の称号を「上皇」、退位した天皇の后を「上皇后」とすることや、宮内庁に新たな組織として、「上皇職」と「皇嗣職」を新設することなどを適当とする、との最終報告をおこないました。

政府は、これに沿って、「天皇の地位は主権者である国民の総意に基づく」という憲法第1条の規定との兼ね合いから、国会に議席を有する各政党の代表者による会議での事前協議を実施。5月19日、特例法案を閣議決定。2017（平成29）年6月1日の衆議院議院運営委員会で審議され、翌6月2日に衆議院本会議を通過しました。

参議院では特別委員会として設置された「天皇の退位等に関する皇室典範特例法案特別委員会」での6月7日の審議を経て、9日に参議院本会議で可決・成立。6月16日に公布されました。国会では、衆参両院ともに全会一致での賛成でしたが、「皇室典範の改正によって対応すべき」とした自由党は採決を退席しました。

法成立後の2017（平成29）年12月1日、皇室会議は、「2019年4月30日に明仁天皇が退位し、5月1日に徳仁《なるひと》天皇が即位、新元号への改元をおこなう」と意見集約。2018（平成30）年3月6日の定例閣議では、法施行日の2019年4月30日の「退位の礼」に法的根拠を付与することなどを盛り込んだ特例法の施行令が閣議決定されました。

憲法にも関わる重大な問題ですが、どう見ても問題を先送りし、ばたばたと「生前退位」だけを決めた、という感を拭えません。それは、特例法の第1条の「趣旨」に表れていますし、一緒に決められた参議院の付帯決議に表れています。

特例法の第1条は、次のように言っています。制定の事情までを書き込み、「敬愛」とか、気持ちの「理解」とか、「共感」とか、あるいは、「御活動」「御高齢」など敬語をふんだんに使った法律は、ほとんど前例がない異例の法律です。

**天皇の退位等に関する皇室典範特例法**

この法律は、天皇陛下が、昭和64年1月7日の御即位以来28年を超える長期にわたり、国事行為のほか、全国各地への御訪問、被災地のお見舞いをはじめとする象徴としての公的な御活動に精励してこられた中、83歳と御高齢になられ、今後これらの御活動を天皇として自ら続けられることが困難となることを深く案じておられること、これに対し、国民は、御高齢に至るまでこれらの御活動に精励されている天皇陛下を深く敬愛し、この天皇陛下のお気持ちを理解し、これに共感していること、さらに、皇嗣である皇太子殿下は、57歳となられ、これまで国事行為の臨時代行等の御公務に長期にわたり精勤されておられることという現下の状況に鑑み、皇室典範（昭和22年法律第三号）第4条の規定の特例として、天皇陛下の退位及び皇嗣の即位を実現するとともに、天皇陛下の退位後の地位その他の退位に伴い必要となる事項を定めるものとする。

そして、法律とともに採択された付帯決議は、問題を政府に預け、次のように言っています。

一、政府は、安定的な皇位継承を確保するための諸課題、女性宮家の創設等について、皇族方のご年齢からしても先延ばしすることはできない重要な課題であることに鑑み、本法施行後速やかに、皇族方のご事情等を踏まえ、全体として整合性が取れるよう検討を行い、その結果を、速やかに国会に報告すること。

二、一の報告を受けた場合においては、国会は、安定的な皇位継承を確保するための方策について、「立法府の総意」が取りまとめられるよう検討を行うものとすること。

三、政府は、本法施行に伴い元号を改める場合においては、改元に伴って国民生活に支障が生ずることがないようにするとともに、本法施行に関連するその他の各般の措置の実施に当たっては、広く国民の理解が得られるものとなるよう、万全の配慮を行うこと。

右決議する。

## 天皇制をめぐる2つの潮流、憲法の矛盾とその克服

「天皇の代替わり」という問題がなぜこんな大きな問題になるのか？　その問いはそのまま、天皇制と言われるものが、日本社会で大きな位置を占めているからにほかなりません。そしてそれは、戦争後の日本と日本国憲法が、かつて日本が侵略戦争を引き起こし、敗戦によってす

べてを失った日本の旧体制の仕組みをきちんと総括できないまま受け継ぎ、日本国憲法の下でもその基本的理念との間に大きな矛盾を抱えたまま、現在に至っていることと関わっています。さらに、真の国民主権国家を目指そうとする多くの国民の考え方を否定し、旧体制を賛美し、そこへの復古を目指す勢力が公然と動いていることと関わっています。

極端に言えば、天皇問題は、日本を再び専制君主による絶対主義国家にしていこうと考える旧勢力と、基本的人権と国民主権を徹底し、共和制国家を目指す新しい潮流の狭間にあって、その「妥協点」とも言うべき「象徴天皇制」をとった戦後日本＝日本国憲法体制の大きな歴史的実験の中にある、ということではないでしょうか。

日本は１９３１（昭和６）年９月の柳条湖事件（満州事変）以後、本格化した日本の中国侵略を諸外国からとがめられ、ほとんど目算もないまま、１９４１（昭和16）年12月、米、英、仏など列国を相手に戦争を始めました。もともと、経済力についても物量についても圧倒的な力を持っている国を相手にした無謀な戦争でしたが、日本は、翌１９４２（昭和17）年６月、ハワイの西約２０００キロ、太平洋の中央にあるミッドウェー島付近の海戦で主力空母４隻とその搭載機約２９０機の全てを失う敗北を喫し、敗戦への道をたどりました。

連合国は、１９４２（昭和17）年４月を皮切りに日本本土への空襲を続けて圧力をかけ続け、１９４５（昭和20）年７月26日には、米、英、中３国による「ポツダム宣言」が発表されました。そして、8月6日広島、9日長崎と原子爆弾が投下される事態に、日本は天皇を中心にした「御前会議」で、「ポツダム宣言受諾、無条件降伏」を決め、敗れました。明治以降、築いてきた、天皇主権で国民を統制し、戦争に駆り立ててきた絶対主義専制国家が、ここで崩壊したのです。国内の犠牲者は約310万人、アジア全域での死者は2000万人を超えると言われています。

敗戦の後、戦争のリーダーだった天皇をどうするか、については、日本の国内外で大きな議論になりました。「侵略戦争の責任を追及し、戦犯として処刑すべきだ」という欧米の意見から、「少なくとも退位すべきだ」という国内、あるいは特に天皇の側近や皇族からの意見もあり、騒然とした状況でした。

しかし、日本を占領したマッカーサー元帥を中心とした米国は、戦争責任については、ひとえに軍部と一部の政治家に押しつけ、「私は現人神ではなく人間だ」と宣言（1946年1月1日）した天皇を歓迎し、戦後復興に「利用」することにしました。そして、日本は、植民地主義の否定、国際協調主義、基本的人権の尊重と民主主義・国民主権という新しい理念をベースに、戦争を放棄し、軍隊を持たず、交戦権も否認する日本の建設を始めました。

天皇は、国政への権能を一切持たない「象徴」となり、決められた国事行為をすることだけが職務とされ、就任（即位）も辞職（退位）も憲法上には規定がない、基本的人権が否定されたままの存在として、存在することになりました。

天皇の規定は憲法の第1章に置かれましたが、日本国憲法全体を通じて規定されている人間の尊厳や平等、自由といった基本的な考え方との間では、大きな矛盾を抱えたままです。しかも、憲法制定当時、天皇をめぐる諸制度はできるだけ変えないで残そう、という意向があったためか、憲法の下に位置づけられ、法律とされた「皇室典範」は、戦前のものは改正されましたが、女性天皇・女性皇族の否定など、憲法違反の条項が残ったままです。

憲法制定以来、憲法学会の中ではこうした問題が議論されてきました。天皇制についても、明治憲法での天皇制と日本国憲法での天皇制は「断絶」しているとする説と、「継続」しているとする説があり、どう考えるかの議論があります。明仁天皇が「神話」も容認した「125代天皇」か、新たに「象徴」として生まれた「象徴天皇制」の「第2代天皇」と考えるかの違いも出てきます。

憲法での「矛盾」は、憲法成立直後、占領下の朝鮮戦争の中で、マッカーサー指令によって誕生した自衛隊が抱えている「矛盾」と似通った点があります。私たちは、この「矛盾」を、憲法の基本的な立場である「主権在民」と「基本的人権の尊重」の原則に沿って解決していく責任があると言えるでしょう。

もう一つ、指摘しておかなければならないのは、この2つの「流れ」のなかで、旧勢力が作る潮流では、「歴史修正主義」と呼ばれるように、明治以降の「歴史」が歪められ、当時の日本国家の行動が無条件で肯定され、賛美されていることです。

かつてない形で破壊と殺戮が展開され、諸外国にも国内にも大きな犠牲を出すことになった戦争の歴史、それがどこから来たのか、事実に基づいて正確にたどることは、これからの日本を考え、世界を考えていくうえで欠くことのできない大切なことです。その歴史を歪曲したりねつ造したりすることは許されません。

このことも、天皇問題を考えるときには、併せて考えておく必要があるでしょう。

## 「安倍改憲論」と「代替わり」

天皇を日本国憲法の立場で考えてくるなかで、もう一つ複雑なのは、安倍晋三氏率いる現政権が、「自衛隊の存在を憲法に書き込む」ことを旗印に、「戦後レジュームからの脱却」を唱え、日本の政治、社会体制を全面的に変えようとするクーデター的変革を企てていることです（詳しくは、拙著『安倍壊憲クーデターとメディア支配』〈あけび書房、2015年〉をご参照ください）。

2012（平成24）年12月、民主党政権に代わって、第2次内閣を組織し就任した安倍首相は、2018年までの6年間に、特定秘密保護法（13年）、安保関連法（15年）、共謀罪法（17

年）、働き方法（18年）、改正入管法（18年）など、憲法違反の疑いが強い法律を強行採決で次々成立させました。

これらの法律は、いずれも日本国憲法が目指し、ひとつひとつ築いてきた、軍備を持たず戦争をしない国づくり、人間の尊厳が尊重され、個人が国のために、と統制されるようなことがない日本を壊し、国家優先の旧体制に復古することを目指すような憲法違反の法律、改憲法と言うべきものばかりでした。そして、首相は、2017（平成29）年5月3日の憲法記念日には、「憲法9条に自衛隊の存在を書き込む改正をし、2020年に施行したい」と宣言しました。本来、憲法99条による「憲法擁護義務」を課せられている首相が、先頭に立って改憲の旗を振るというのは、許されないことです。

しかしこうした発想は、首相だけでなく、右派勢力全体のコンセンサスと言ってもいいようなものです。

政治情勢は、前年2016年の参院選で参議院でも改憲発議に必要な3分の2の勢力を確保し、既に2013年9月には2020年の東京五輪が決まっていました。

首相の支持母体の「日本会議」の中心人物で、安倍首相の政策ブレーンとも言われる伊藤哲夫日本政策研究センター代表は、同センターの機関誌ともいうべき雑誌『明日への選択』2016年9月号で、「三分の二獲得後の改憲戦略」の中で、「護憲派を分断する」ことが必要で、いま打ち出すべきは「憲法に不足しているところだけを補う憲法修正＝加憲で、それなら護憲派が反対する理由がないはずだ。憲法9条に第3項を加えるか、9条の2の条文を加えるかで改憲を具体化すべきだ」と主張しました。これが首相の提案の「虎の巻」になったのです。

また、「任期中の改憲実現」にこだわる安倍首相は、2018（平成30）年10月23日には、「慶応」から「明治」に改元した1868年10月23日から、150年であることを利用し、政府主催で「明治150年記念式典」を実施、日本中で関連行事を企画しました。これは、50年前、佐藤栄作首相が企画した「明治100年」とは規模も内容も違っていましたが、首相は翌日からの第197臨時国会冒頭の所信表明演説でも、露骨な改憲の意思を表明しました。

憲法学者の森英樹名古屋大学名誉教授は、日本民主法律家協会の機関誌『法と民主主義』2018年11月号に寄せた「改元と改憲のビミョーな関係」と題する論文で、所信表明は「首相として超えてはならない限界を超えた意見の演説」と指摘しつつ、「安倍首相がこの演説で、予定されている『天皇代替わり』を、改憲の推進力にあてがうことを意図していることが初めて明示されたことに、とりわけ留意しておきたい」と、次のように述べています。

「すなわちこの演説は、あれこれの課題を述べた後に一呼吸おいて、「歴史的な皇位継承まで、残り半年あまりとなりました」と天皇代替わりに話題を変えつつ、「まさに歴史の転換点にあって、平成の、その先の時代に向かって、日本の新たな国創りを、皆さん、ともに進めていこうではありませんか！」と絶叫し、賛同議員の大拍手を得たのに、「国の理想を語るものは憲法です。憲法審査会において、政党が具体案を示すことで、国民のみなさまの理解を深める努力を重ねていく。そうした中から、与党、野党といった政治的立場を超え、できるだけ幅広い合意が得られると確信しています」と述べた。そのうえで「そのあるべき姿を最終的に決めるのは国民の皆様です。制定から70年以上を経た今、国民の皆様とともに議論を深め、私たち国会議員の責任を、共に、果たしていこうではありませんか！」と、再びの絶叫・拍手であった。憲法96条を気にしてか「私たち国会議員の責任」を説くという筋立てにしているが、首相の言うべき台詞ではない」

「ちなみに、読み上げた演説原稿はその日のうちに首相官邸のＨＰにアップされたが、この部分のタイトルは「五　平成の、その先の時代の新たな国創り」とされていた。代替わりに伴う「平成の、その先」の「新たな国創り」の旗印が、改定されて「国の理想」を示すはずの憲法だ、とされている。極めて情緒的で内容のないアピールではあるが、この論法が代替わりとリンクして提示されているだけに注意しておいた方がいい」

首相の夢、それは、２０２０年の東京五輪では、元号も変わり、天皇も新しくなるなかで、軍隊を持つ新しい日本が誕生する。その脇に立つ自分は、敗戦後に生まれた日本の制度や社会を改め、明治維新で「日本国家」を作った人々にならい、歴史を再生した人物として華々しくその脇に立ちたい、という「思い」「執念」でしょうか。

首相は2015年8月12日、地元・山口県の「内閣総理大臣を囲む会」で、明治維新が長州閥の力で実現したことを踏まえ、「明治50年が寺内正毅、100年が佐藤栄作、私が頑張って平成30年まで行けば、明治150年も山口県出身の安倍晋三が首相ということになる」と語ったということです。

さらに、首相は2018年10月初めの内閣改造を機に、自民党改憲推進本部から、野党との協調派と言われた船田元元経企庁長官、中谷元元防衛相らを外し、本部長に下村博文氏、幹事に新藤義孝元総務相を任命し、党の総務会長に加藤勝信前厚労相、幹事長代行に萩生田光一元総裁特別補佐、筆頭副幹事長・総裁特別補佐に稲田朋美元防衛相、衆議院議院運営委員長に高市早苗氏と、「側近」を揃えました。いったん決めれば、機関での強行決定、委員会の開催、強行採決まで一気にやってしまえる改憲シフトを敷きました。

そして、10月29日には下村本部長と山口泰明組織運動本部長の連名で、各省選挙区支部に対し、「各支部に改憲推進本部をつくり、年内をめどに本部長を選任するように」と通達。2019年1月23日には、改めて体制整備を急がせる通達を出したうえ、党大会の前日の2月9日には代表者会議を開いてハッパをかけました。2月10日に開いた党大会の運動方針では「改めて国民世論を呼び覚まし、新しい時代に即した憲法の改正に向けて道筋をつける」と記述、安倍首相は「いよいよ立党以来の悲願である憲法改正に取り組むときが来た」「憲法にしっかりと自衛隊と明記して、違憲論争に終止符を打とうではないか」と強調しました。

臨時国会で目指した改憲案の憲法審査会への提出、説明は、３０００万署名が続く国民運動と野党の反対で果たせなかったなか、通常国会のどこで、どう「強行」に転じ、「夢」の実現に向かうことができるかどうか、その「執念」への戦略が警戒されています。

## 「代替わり」は「時代の区切り」になるのか――その政治的意味

「本年4月30日、天皇陛下が御退位され、皇太子殿下が翌5月1日に御即位されます。国民こぞって寿《ことほ》ぐことができるよう、万全の準備を進めてまいります。「内平らかに外成る、地平らかに天成る」。大きな自然災害が相次いだ平成の時代。被災地の現場には必ず、天皇、皇后両陛下のお姿がありました」

２０１９年1月29日、安倍晋三首相は臨時国会に続く第１９８通常国会の施政方針演説で、自ら「平成最後の施政方針演説」と位置づけ、こう切り出しました。阪神・淡路大震災と東日本大震災を例に挙げて平成の時代を特徴付けた安倍首相は、天皇、皇后の被災地慰問を枕に次のように述べました。

「地元の皆さんの情熱によって、復興は一歩一歩着実に進んでいます。平成は、日本人の底力と人々の絆がどれほどまでにパワーを持つか、そのことを示した時代でもありました。「しきしまの　大和心のをゝしさは　ことある時ぞ　あらはれにける」。明治、大正、昭和、平成、日本人は幾度となく大きな困難に直面しました。しかし、そのたびに、大きな底力を発揮し、人々が助け合い、力を合わせることで乗り越えてきました。急速に進む少子高齢化、激動する国際情勢。今を生きる私たちもまた、立ち向かわなければなりません。私たちの子や孫の世代に輝かしい日本を引き渡すため、共に力を合わせなければなりません。平成の、その先の時代に向かって、日本の明日を、皆さん、共に切り拓いていこうではありませんか」

首相は、「平成」の元号の由来となった「史記」にあることば、「内平らかに外成る、地平らかに天成る」をあげ、明治天皇の和歌をあげて、「平成の、その先の時代に向かって、日本の明日を、皆さん、共に切り拓いていこう」と声を張り上げました。

首相があげた明治天皇の「しきしまの　大和心のをゝしさは　ことある時ぞ　あらはれにける」は、１９０４（明治37）年、日露戦争の際に詠まれた歌で、「苦難のときこそ日本国の雄々しさはあらわれる。一致団結し凛としてみんなで乗り越えよ」という、「戦意高揚」の歌でした。

「平成の、その先の時代に向かって」との表現を7回繰り返しましたが、天皇の被災地慰問もちゃっかり利用した首相の演説は、究極の「天皇の政治利用」と言えるのではないでしょうか。首相にとっての「代替わり」は、改憲を終えた「平成の次」を描いた政治ショーの一隅だったに違いありません。

しかし、福島をはじめとする被災地の復興はそう簡単ではありません。「復興」が言われるなかで、「3・11」東日本大震災の全国の避難者は2019年1月現在、復興庁調べで、依然として5万2731人に上っています。また、このうち原発の被災地では、原発が立地する大熊町と双葉町以外、多くの市町村で、除染が終わったとして帰還が認められましたが、帰還が認められた市町村でも住民の帰還率は、田村市の80・1%を例外として、解除から最短1年を経た2018年3月でも、3・3%（浪江町）から31・8%（楢葉町）で、ふるさとに帰ることができない人たちは少なくないのです。

## 「代替わり」で狙われていること

2019年の元旦に安倍首相は年頭所感を発表し、「景気回復の暖かい風が全国津々浦々に届き始めるなかで、地方の税収は過去最大となりました」と景気回復を強調し、「外交面でも本年は大きな課題に挑戦いたします」とし、「戦後日本外交の総決算を果断に進めて参ります」と述べ、大阪で6月に予定される「G20」をあげ、「まさに日本が世界の真ん中で輝く年となります」と胸を張りました。そして、「5月には皇位継承がおこなわれ、歴史の大きな転換点を迎えます。平成の、その先の時代に向かって「日本の明日を切り開く」1年とする。その先頭に立つ決意です」と述べました。

さらに安倍首相は4日の年頭記者会見で、「国会において活発な議論がなされ、できる限り広範な合意が得られることを期待する」、5日の山口の後援会、新年会では「新たな国づくりに挑戦する1年にしていきたい」、6日のNHKインタビューでは「2020年を新憲法施行の年にしたい気持ちに変わりはない」と3日連続で公言。そして、前述の党大会へと続いています。

2019年1月から始まる通常国会の政治スケジュールは目白押しで、少しの隙間もないところで「天皇代替わり」です。首相が述べたように、「歴史の転換点」を意識させ、「元号」も変えて、平成の次の時代の「新たな国創り」を印象づけようと考えているのかもしれません。

明仁天皇は2018年12月の「最後の天皇誕生日」の記者会見で、30年の間、昭和の時代の戦争についての思いを「象徴天皇」としての行動に表現し続けてきたことを語り、ほとんど涙ぐみながら、「平成が戦争のない時代として終わろうとしていることに、心から安堵しています」と述べましたが、この「平成の時代」をどう見るかは、これからの日本、そして私たちの生活にとって重要な問題提起がされているとみることもできそうです。

元旦の右派メディアでは「平成時代」を振り返り、「『不安定』と『停滞』」（読売・社説）をあげ、「停滞の30年」（日経・社説）として、「さらば、『敗北』の時代よ」（産経・乾正人論説委員長「年のはじめに」）と、「代替わり」と「改元」を機に、転換を求める論調が目立ちました。

しかし、「平成の30年は、戦争のない平和な時代だった。日本が享受している平和と豊かさは、国民の反戦への強い意志と、勤勉な努力が作り上げたものだ」（毎日・小松浩主筆「未来へつなぐ責任」）とし、「民主主義は死んだりしません。民主主義とは私たち自身だからです」「分断を超え対話を取り戻さねばなりません」（東京・社説「年のはじめに考える・分断の時代を超えて」）とする主張は、歴史を見つめる言論人としての矜持を感じさせます。

朝日は2018年12月31日の社説で、「この社会のあちこちにある亀裂や分断線を修復し、「共に生きている」という安心感を醸成する責任は政治にある。ところが今、その役割を象徴天皇に背負わせてしまっていないか」と喝破しています。そして、「人々が抱いている不安や不満から目をそらし、力で抑え込むことさえいとわない安易かつ無責任な政治」を指摘し、「「こんな社会にしたい」という意志を持つことなしに、自分たちの望む社会は生まれ得ない」と書いています。

考えてみましょう。歴史が国の政治、経済に支えられ、人々の生活や文化の変化や流れを示すものだとしたら、天皇の代替わりを無条件で「歴史の大きな転換点」とすることはできません。そうしようとする力、それこそ、「天皇の政治利用」ではないでしょうか。

## 歴史における「元号」の意味

２０１９年元旦の各紙は、「新元号は4月1日発表」と政府が方針を決めたことを伝えました。政府が、西暦を新元号に自動転換できるコンピューターのソフトを改修することを含め、元号がどうなるかあらかじめ発表しておかないと、とても普及はできない、と考えた結果でした。しかし、元号を事前に発表することについては、保守系の人々からは強い反対の声が上がっていました。ちょっと考えれば、その日に何かする、のでは、どんな場合でも遅れてしまいます。しかし、「一世一元」は崩せない」という保守派の議論は、決定をこの日まで引き延ばすことになったのです。

例えば、「日本会議国会議員懇談会」は２０１８年6月、「新元号公表は来年5月1日を原則にすべきだ」との見解をまとめ、古屋圭司会長らが同年8月、菅義偉官房長官に会い、新元号の制定と発表は5月1日の新天皇の即位後とすべきだ、と要請しています。

古屋氏らは、①元号法は皇位継承時に改元する「一世一元制」を採用している、②昭和や平成では新天皇による改元だった―とし、「新元号を定める政令も即位した新天皇が公布すべきだ」と訴えた、と伝えられています。また、１か月前公表の方針が決まっても、毎日新聞1月5日付では、皇室問題で発言を続けている所功・京都産業大名誉教授が「改元の政令は、新天皇の即位後でなければ正式に公布できないと解釈すべきだ。いまの天皇陛下が公布するのは不自然だ」と語っていることが報じられています。

東京新聞2月3日付によりますと、安倍首相を支持する「日本会議」は新元号の事前発表の方針に「遺憾の意」を示す見解を機関誌『日本の息吹』2月号に掲載しました。

保守系の人たちはなぜこんなに「元号」にこだわるのか？　実はそれが、本来、天皇、つまり国王、皇帝の支配を、あからさまに表現するものだったからです。


「元号」とは「年号」とも呼ばれ、歴史上の年を数えるために支配者が決めたものです。特定の時代に名前をつけるというのは、君主は空間だけでなく、時間まで支配する、という考え方から、世界各地でおこなわれてきました。古代中国では帝王は「天帝」の子、「天子」と呼ばれ、地上の国を統治するだけでなく、天上を巡る太陽や星まで支配するものと考えられました。

正当な天子であれば正しい暦を作ることができるのが当然で、暦は帝王の正当性の証でもあったようです。そこで、王朝（王）が変われば暦も改められるのが普通で、改められた新しい暦を承認することで、その暦を作った王朝を承認するという意味を持っていました。「元号」は皇帝や王など君主の即位、また治世の途中にもおこなわれる改元によって、元年から再度数え直されます。

中国王朝は周辺の冊封国にも元号の使用を強制し、一部では独自元号を承認しました。

日本では、645年6月、中大兄皇子と中臣鎌足が当時絶大な権勢を誇っていた蘇我氏の当主・蘇我入鹿を暗殺した「乙巳《いっし》の変」後、初めて「大化」の元号を決め、新しい政治体制ができたことを宣明しました。

東京大学資料編纂所などの研究では、以来、日本の元号は247を数えましたが、民衆の間では、子（ね）、丑（うし）、寅（とら）…亥（い）の十二支と、甲（きのえ）、乙（きのと）、丙（ひのえ）、丁（ひのと）、戊（つちのえ）、己（つちのと）、庚（かのえ）、辛（かのと）、壬（みずのえ）、癸（みずのと）の十干を組み合わせた60年周期の暦が使われていて、民衆に元号が浸透したのは、江戸時代以降だったと言われています。ちなみに、2019年は「己亥」（つちのと・い）、2020年は「庚子」（かのえ・ね）の年です。

元号と権力者の関係では、「朝敵」とされた源頼朝は東国支配権を認められるまで改元をいずれも認めず、それ以前の年号を使い続けたり、南北朝時代には、南朝、北朝が独自に元号を制定し、約60年間、2つの元号が並存したり、織田信長が将軍足利義昭を京都から追放した直後に改元を主導するなど、権力者が元号を利用したことは少なくありません。

明治維新以前には、天皇の交替時以外にも吉事や災害などで随意に改元がされていましたが、明治政府は、明治に改元した際、天皇が替わらないかぎり元号も変えないとする「一世一元の詔」を発布しました。

戦後は、慣習的に使っていた元号を法制化しようという保守勢力の強い主張で、1979

（昭和54）年「元号法」が決められました。この法律では「元号は、皇位の継承があつた場合に限り改める」とされています。

今回の代替わりでは、衛藤晟一首相補佐官らが「一世一元」制を踏まえ、「新元号は新天皇が署名、公布するのが筋だ」と主張し続けてきましたが、明治天皇の場合でも、孝明天皇の死去で１８６７年1月９日（旧暦慶応3年2月13日）に皇位についており、改元は１９６８（慶応４）年10月ですから、天皇即位と改元は一致していません。

**明仁天皇・２０１６年8月8日のビデオ・メッセージ**（抜粋）

戦後70年という大きな節目を過ぎ、２年後には、平成30年を迎えます。

私も80を越え、体力の面などから様々な制約を覚えることもあり、自らの歩みを振り返るとともに、この先の自分の在り方や務めについて思いを致すようになりました。

社会の高齢化が進む中、天皇もまた高齢となった場合、どのような在り方が望ましいか、天皇の立場上、現行の皇室制度に具体的に触れることは控えながら、個人として考えて来たことを話したいと思います。

即位以来、私は国事行為をおこなうと共に、日本国憲法下で象徴とされた天皇の望ましい在り方を、日々模索しつつ過ごして来ました。伝統の継承者として、これを守り続ける責任に思いを致し、日々新たになる日本と世界にあって、日本の皇室がいかに伝統を現代に生かし、いきいきと社会に内在し人々の期待に応えていくか考えつつ、今日に至っています。

　そのようななか、何年か前、２度の外科手術を受け、高齢による体力の低下を覚えるようになった頃から、これから先、従来のように重い務めを果たすことが困難になった場合、どのように身を処していくことが、国にとり、国民にとり、また、私のあとを歩む皇族にとり良いことであるか、考えるようになりました。既に80を越え、幸いに健康であるとは申せ、次第に進む身体の衰えを考慮する時、これまでのように、全身全霊をもって象徴の務めを果たしていくことが、難しくなるのではないかと案じています。

　私が天皇の位についてからほぼ28年、私は、我が国における多くの喜びの時、また悲しみの時を、人々と共に過ごして来ました。私はこれまで天皇の務めとして、何よりもまず国民の安寧と幸せを祈ることを大切に考えて来ましたが、同時に時として人々の傍らに立ち、その声に耳を傾け、思いに寄り添うことも大切なことと考えて来ました。天皇が象徴であると共に、国民統合の象徴としての役割を果たすためには、天皇が国民に、象徴の立場への理解を求めると共に、天皇もまた、自らのありように深く心し、国民に対する理解を深め、常に国民と共にある自覚を自らの内に育てる必要を感じて来ました。こうした意味において、日本の各地、とりわけ遠隔地や島々への旅も、天皇の象徴的行為として大切なものと感じて来ました。皇太子の時代も含め、これまで私が皇后と共に行って来た、ほぼ全国に及ぶ旅は、国内のどこにおいても、その地域を愛し、その共同体を地道に支える市井の人々のあることを私に認識させ、私がこの認識をもって、天皇として大切な、国民を思い、国民のために祈るという務めを、人々への深い信頼と敬愛をもってなし得たことは、幸せなことでした。

天皇の高齢化に伴う対応の仕方が、国事行為や象徴としての行為を限りなく縮小していくことには、無理があろうと思われます。また、天皇が未成年だったり、重病などで機能を果たし得なくなった場合には、摂政を置くことも考えられます。しかし、この場合も、天皇が十分にその立場に求められる務めを果たせぬまま、生涯の終わりまで天皇であり続けることに変わりはありません。

天皇が健康を損ない、深刻な状態に立ち至った場合、これまでにも見られたように、社会が停滞し、国民の暮らしにも様々な影響が及ぶことが懸念されます。更にこれまでの皇室のしきたりとして、天皇の終焉に当たっては、重い殯《もがり》の行事が連日ほぼ2か月にわたって続き、その後喪儀に関連する行事が、1年間続きます。その様々な行事と、新時代に関わる諸行事が同時に進行することから、行事に関わる人々、とりわけ残される家族は、非常に厳しい状況下に置かれざるを得ません。こうした事態を避けることはできないものだろうかとの思いが、胸に去来することもあります。

はじめにも述べたように、憲法の下、天皇は国政に関する権能を有しません。そうしたなかで、我が国の長い天皇の歴史を改めて振り返りつつ、これからも皇室がどのような時にも国民と共にあり、相たずさえてこの国の未来を築いていけるよう、そして象徴天皇の務めが常に途切れることなく、安定的に続いていくことをひとえに念じ、ここに私の気持ちをお話しいたしました。国民の理解を得られることを、切に願っています。

### 明仁天皇・２０１８年12月23日の天皇誕生日記者会見（抜粋）

この1年を振り返るとき、例年にも増して多かった災害のことは忘れられません。集中豪雨、地震、そして台風などによって多くの人の命が落とされ、また、それまでの生活の基盤を失いました。新聞やテレビを通して災害の様子を知り、また、後日幾つかの被災地を訪れて災害の状況を実際に見ましたが、自然の力は想像を絶するものでした。命を失った人々に追悼の意を表するとともに、被害を受けた人々が1日も早く元の生活を取り戻せるよう願っています。（中略）

今年も暮れようとしており、来年春の私の譲位の日も近づいてきています。

私は即位以来、日本国憲法の下で象徴と位置付けられた天皇の望ましい在り方を求めながらその務めを行い、今日までを過ごしてきました。譲位の日を迎えるまで、引き続きその在り方を求めながら、日々の務めを行っていきたいと思います。

第二次世界大戦後の国際社会は、東西の冷戦構造の下にありましたが、平成元年の秋にベルリンの壁が崩れ、冷戦は終焉を迎え、これからの国際社会は平和な時を迎えるのではないかと希望を持ちました。しかしその後の世界の動きは、必ずしも望んだ方向には進みませんでした。世界各地で民族紛争や宗教による対立が発生し、また、テロにより多くの犠牲者が生まれ、さらには、多数の難民が苦難の日々を送っていることに、心が痛みます。（中略）

平成の時代に入り、戦後50年、60年、70年の節目の年を迎えました。先の大戦で多くの人命が失われ、また、我が国の戦後の平和と繁栄が、このような多くの犠牲と国民のたゆみない努力によって築かれたものであることを忘れず、戦後生まれの人々にもこのことを正しく伝えていくことが大切であると思ってきました。平成が戦争のない時代として終わろうとしていることに、心から安堵しています。

そして、戦後60年にサイパン島を、戦後70年にパラオのペリリュー島を、更にその翌年フィリピンのカリラヤを慰霊のため訪問したことは忘れられません。（中略）

次に心に残るのは災害のことです。平成3年の雲仙・普賢岳の噴火、平成5年の北海道南西沖地震と奥尻島の津波被害に始まり、平成7年の阪神・淡路大震災、平成23年の東日本大震災など数多くの災害が起こり、多くの人命が失われ、数知れぬ人々が被害を受けたことに言葉に尽くせぬ悲しみを覚えます。（中略）

障害者をはじめ困難を抱えている人に心を寄せていくことも、私どもの大切な務めと思い、過ごしてきました。障害者のスポーツは、ヨーロッパでリハビリテーションのために始まったものでしたが、それを越えて、障害者自身がスポーツを楽しみ、さらに、それを見る人も楽しむスポーツとなることを私どもは願ってきました。パラリンピックをはじめ、国内で毎年おこなわれる全国障害者スポーツ大会を、皆が楽しんでいることを感慨深く思います。
今年、我が国から海外への移住が始まって150年を迎えました。この間、多くの日本人は、赴いた地の人々の助けを受けながら努力を重ね、その社会の一員として活躍するようになりました。（中略）
日系の人たちが各国で助けを受けながら、それぞれの社会の一員として活躍していることに思いを致しつつ、各国から我が国に来て仕事をする人々を、社会の一員として私ども皆が温かく迎えることができるよう願っています。また、外国からの訪問者も年々増えています。この訪問者が我が国を自らの目で見て理解を深め、各国との親善友好関係が進むことを願っています。（中略）
そして、来年春に私は譲位し、新しい時代が始まります。多くの関係者がこのための準備に当たってくれていることに感謝しています。新しい時代において、天皇となる皇太子とそれを支える秋篠宮は共に多くの経験を積み重ねてきており、皇室の伝統を引き継ぎながら、日々変わりゆく社会に応じつつ道を歩んでいくことと思います。
今年もあと僅かとなりました。国民の皆が良い年となるよう願っています。

## 「代替わり儀式」と「大嘗祭」

政府は2019年1月17日、式典委員会の会合で、天皇退位の儀式「退位礼正殿《れいせいでん》の儀」を4

月30日午後5時から、新天皇が剣と勾玉《まが》などを受け継ぐ「剣璽《けんじ》等承継の儀」を5月1日午前10時半からにするなど、皇位継承の儀式の概要を決め、発表しました。

政府は3月に予定される次回会合でさらに詳細を決めることにしているということですが、政府としては、天皇が皇位の証しとしている剣璽を、明仁天皇から徳仁天皇へと直接渡す形にすべきだとの保守派の人々の意見がありました。しかし、直接渡すことは、天皇の政治的権能を禁じた憲法に抵触する可能性があるとの意見があり、2つの儀式を分けることにしたとのことでした。

「代替わり」の儀式については、政府は1989年から90年にかけての「平成の代替わり」を踏襲するとして考えられました。しかし、このときの儀式は、明治憲法時代の旧「皇室典範」や「登極令《とうきょくれい》」を基礎に考えられたものでした。登極令（1909年＝明治42年）は、明治天皇が死去する3年前に、明治政府が天皇の「代替わり」を想定して、天皇主権と国家神道にもとづいて「践祚《せんそ》」（皇位継承）、「改元」、「即位礼」、「大嘗祭」など儀式のあり方を定めたもので、このため、皇嗣が行為を受け継ぐ「践祚」と皇位に着く「即位」と、勾玉、剣、鏡の「三種の神器」を承継する皇位は一体のものとされました。

そして、昭和天皇が亡くなった1989年1月7日の昭和から平成への代替わりの際には、「践祚」「神器承継の儀」「即位の礼・朝見《ちょうけん》の儀」は直ちにおこなわれましたが、神によって天皇が位に就いたことを宣言し、「高御座《たかみくら》」と呼ばれる玉座から言葉を述べる「即位礼正殿の儀」

と、天皇が神と一体になり民を支配するという「大嘗祭」がおこなわれています。「即位の礼」は1990年11月12日に、「大嘗祭」は11月22～23日におこなわれました。

また、その間、亡くなった昭和天皇を偲ぶ行事も続きました。しかし、これらの行事には天皇が現人神だった時代の宗教的要素を含んでいるとして、当時は大きな問題になり、憲法違反だとの訴訟も起こされました。

今回の場合は、天皇の葬儀に関わる行事はなくなっていますが、政府は再び、この例による部分を実施することにしていますので、国民主権、政教分離と両立しない問題も出てくると考えられます。

天皇の即位については、5月1日に「朝見の儀」を実施。国民各層の代表が、天皇にあいさつする儀式がおこなわれます。「象徴天皇」としては、あいさつするのは天皇の側のはずですが、「朝見の儀」の名前は残ったままです。

秋篠宮が指摘した「大嘗祭」は、「即位礼正殿の儀」と合わせておこなわれる儀式です。この儀式についての支出は、宮廷費ではなく皇室の私的な費用に使う内廷費から支出すべきだとする考え方は、大嘗祭はやはり天皇家の問題として処理するのが妥当だろう、という考え方によるものでしょう。

どんなことがおこなわれるのでしょうか。伝えられるところでは、「大嘗祭」は次のようにおこなわれるということです。

「大嘗祭」では、まず祭りに供える稲を出す斎田《さいでん》を選ぶ占いから始まります。早い時期に、カメの甲による占い（亀卜《きぼく》）で、東日本から「悠紀《ゆき》」、西日本から「主基《すき》」と呼ばれる斎田が選択されます。夏になると、宮中から「大祓使《おおはらえし》」を各地に派遣し、伊勢神宮はじめ各地の神社でお祓いをし、告文《こうもん》を伝え、8月には抜穂使《ぬいぼし》を斎田に派遣、飯と白黒の酒が届けられます。大嘗祭の夜、身を清めた天皇は神が寝ている悠紀殿《ゆきでん》に入って、布団と枕の前で神にお供えした米と酒で一緒に食事をし、直会《なおらい》をする、というのです。

新しい天皇は、この儀式で、神と一緒に食事をする関係になり、日本の国を治める承認が与えられる、ということなのでしょう。

これについて、昭和天皇の弟の古代オリエント学者、三笠宮崇仁《たかひと》親王は新嘗祭《にいなめさい》についての随想で、「新嘗祭というのは日本民族が稲作を始めたときからの伝統的な祭であったが、次第に強く儀式化されて皇室に残っている、ということができる」として、「祭儀に際して神を祭場にお招きすること─降神という」と「降臨した神に対し、天皇は神膳《しんぜん》をみずから供し、─今日の言葉で言えばお給仕をし─終わってから自分もいただかれるし、祭儀が終われば、参列者もいただく」という特徴を紹介していました。

三笠宮は、アフリカの即位式が、「これは「神の子」である「開花英雄（＝王の始祖）」を通じて代々の王に伝えられた「神に根源を有する霊力」を前王から受け継ぐ儀式」としておこなわれる例を挙げて、日本の即位式にも当てはまるとし、「大嘗祭の意義は、天皇が神に供した神饌《しんせん》をみずから食することにより、神の霊力を体内に受け入れ、つまりは神となることにほかならない．その意味において天皇は現人神になるのである」と書いています（『ロータリーの友』1964年11月号「新嘗祭随想」）。

また、かつて、戦時中に使われた小学校6年の修身の国定教科書には、「大嘗祭の御儀《おんぎ》」という単元があり、「神の国・日本」を教育していたものでした。そこでは、次のように書かれていました。

（元文は旧仮名遣い、旧字。本稿では新仮名遣い、新字に直しました。読点も整理しました）

（前略）

新嘗祭の御儀は毎年行われるものでありますが、天皇御即位のはじめの新嘗祭を特に大嘗祭と申しております。

大嘗祭はわが国でいちばん尊い、一番大切なお祭りであります。御一代に御一度、神代そのままに、こうごうしいこのお祭りをあそばされるのは、実にわが大日本が神の国であるからであります。

高祖天照大神は高天原《たかまがはら》で五穀の種子を得られて、これを天《あめ》の狭田《さなた》、天の長田《ながた》にお植えさせになり、やがてみのってから大嘗殿できこしめされました。

皇孫瓊瓊杵尊《ににぎのみこと》の御降臨の時、

「吾《あ》が高天原に御《きこしめ》す斎庭《ゆにわ》の稲《いなほ》を以て、亦《また》吾が児《みこ》に御《まか》せまつる」

と仰せられ、この稲を以てご先祖をまつり、御みずからもきこしめし、万民にも与えるようにとおさとしになりました。このようなありがたい大御心にしたがって、御代御代の天皇はこの御祭をおごそかに行わせられたのであります。

大嘗祭の御儀にはまず悠紀主基《ゆきすき》の二地方に分けて、新穀をたてまつる斎田《さいでん》をお定めになります。そうして、御祭は特に京都で行われるのであります。

今上陛下の大嘗祭は昭和三年十一月十四日から十五日へかけて行わせられました。

御儀式は厳粛をきわめたもので、夕方から始まりました。宵《よい》の御祭が行われることになると、古式による御質素な殿舎が闇につつまれ、ときどきもえあがる庭燎《ていりょう》の火に、黒木の柱と庭の上に敷砂とが、ほのかに闇の中に浮かび出ました。

陛下には、この時すでに、したしく祓《はら》い、みそぎ、鎮魂《みたましずめ》の御行事を終えさせられ、御祭服もこうごうしく神殿に玉歩《ぎょくほ》をお進めになったのであります。

まず、悠紀田に渡御《とぎょ》あらせられて御みずから天照大神やほかの神々をおまつりになり、白酒《しろき》・黒酒《くろき》を始めとして、斎田の新穀をお供えになり、ご自身もまたきこしめされました。

この間、稲春歌《いなつき》・風俗歌などがけだかくゆかしい調子でゆるやかに歌われ、こうごうしさは一段と加わりました。これこそ、実に大神と天皇とが御一体におなりあそばす御神事であって、わが大日本が神の国であることを明らかにするものと申さなければなりません。

宵の御祭が午後十一時過ぎにすみますと、今度は午前一時から主基田で暁の御祭が始まり、それが夜明け方まで続きました。

天も地もおのずから森厳《しんげん》きわまりないうちに、陛下は秋のゆたかなみのりについてお礼をお申し述べになり、更に民草《たみくさ》のために、大神のお恵みをお願いになったのでありまして、大御心のほどがうかがわれて、まことにおそれ多いことでありました。大嘗祭の終りには国民すべてにこの大御心をたまわるおぼしめしで、重だった人々に酒饌《しゅせん》をおくだしになったのであります。

この日、帝国の臣民は、いずれも業を休み、おこないをつつしんで大御心を奉体し、一君万民の至誠をあらわしました。私たちはこの記念すべき日を思うて、神の国日本に生まれた喜びと信念とを新しくするものであります。

(昭和18年2月20日発行、『初等科修身四』から)

こうした神事は、宗教行事としておこなわれることであれば、一つの文化的伝統なのかもしれません。しかし、国の行事として国家予算を使っておこなわれるとすれば、それは「天皇教」への支出です。やはり、問題があるのではないでしょうか。

# 2章　天皇発言を読み解く

## 「天皇発言」の何がどう問題なのか

天皇自身が憲法に決められていない「退位」を提案し、いろいろな問題と障害がありながら、すべてを超えて、「改元」がおこなわれてしまう…。これは、少なくとも憲法の立場からは、ごく普通に考えておかしなことです。

憲法上の解釈やどう考えるべきか、という問題については、次章で改めて検討することにしますが、天皇自身の発言について考えてみる必要があるだろうと思います。

例えば、明仁天皇がおそらくその在位の間、常に念頭に置いていた「戦争」の問題についても、「平成が戦争のない時代として終わろうとしていることに、心から安堵しています」という多くの国民が共感した言葉にしても、「平成の30年」時代をそう片付けていいのかどうか、は少なくとも国際的にみると問題があるでしょう。

天皇自身も言っていることですが、平成が始まった1989年、世界の潮流は冷戦の終結で、本当に民衆が主人公になる時代の幕開けが期待されました。しかし、「東西対立」から「米国一強」の時代になり、翌1990年にはイラクのクウェート侵攻があり、1991年には湾岸戦争、そして、「テロの時代」の幕開けとなりました。そして、米国の「同時多発テロ」は2001年9月11日でした。

日本は、いちはやく「米国支持」を打ち出しました。西欧の植民地主義に対するイスラム、アラブの抵抗だという視点は語られましたが、米国を象徴するツイン・タワーへの攻撃は衝撃的でした。湾岸戦争でも米国は自衛隊の派遣も要求したと言われますが、日本は憲法を盾に拒否しました。戦争が終わった後、1991年にはペルシャ湾に掃海艇を派遣し、戦争に加担しました。2003年からのイラク戦争ではイラク特措法で自衛隊がイラクに派遣されました。

明仁天皇もこうした事態をはらはらしながら見ていたのでしょう。父親の時代がそうだったように、日本人が海外に出かけ戦争をする、そんな事態にならないように、と彼は願ったに違いありません。しかし、日本人が死ぬことはなかったにしても、その後のPKO派遣を含めて、「戦争の危機」は深刻だったのです。

日本人が死ななかった、と書きました。いや、そう簡単ではありません。橋田信介さん（2004年5月死亡）、山本美香さん（2012年8月死亡）、後藤健二さん（2015年1月死亡）などのジャーナリストや、農業支援活動をしていた民間団体ペシャワール会の伊藤和也さん（２００８年８月死亡）、公務員でも、皇太子妃雅子さんの同僚だった外務省の奥克彦さん（２００３年11月死亡）たち少なくない方々が亡くなっています。

## 「戦後」は「平和と繁栄」か

そして、天皇の発言で、文章上には書かれているのですが、まず問題にされなければならないのは、現在の日本や歴史についての認識です。

天皇は「我が国は国際社会の中で……平和と繁栄を築いてきました」「我が国の戦後の平和と繁栄が……築かれた」などと、ここではかなり手放しで「「戦後」は「平和と繁栄」の時代だった」と評価しています。しかし、ここにも議論はありそうです。日本は朝鮮戦争やベトナム戦争の後方で米国の戦争に加担し、その結果、「繁栄」が生まれたにしても、その背後に格差の拡大や新しい貧困も生まれているのです。

しかも、朝鮮にしてもベトナムにしても、直接参戦しなかったのは、これまた、「戦争放棄」を決め、「戦力を持たない」「交戦権は認めない」とした日本国憲法第９条と、「戦争は嫌だ」と決意した日本国民の世論の力だったことも、さまざまな形で明らかにされていることです。

天皇の発言は、サンフランシスコ講和条約と日米安保条約を結局は肯定し、沖縄についても

「苦難の歴史」と言いながら、それを作り出した日本国家の責任についてはあいまいにしたまだ、と言えるでしょう。

こうしたことは、確かに、この発言の中で否定的な見解を述べるわけにはいかないかもしれませんが、もしこの問題を語るなら、そこにある「負」の遺産に頬被りするわけにはいかないはずです。


朝鮮については、天皇は、「桓武天皇の生母が百済の武寧王の子孫であると続日本紀に記されていることに韓国とのゆかりを感じています」と語り、朝鮮とのかかわりを公言していますが、日韓の懸案である「慰安婦」「徴用工」などはもちろん、「日韓協約」から「日韓併合」、「創氏改名」まで、植民地支配についてはパスしています。朝鮮戦争もこの歴史の中で始まったことです。

また、沖縄についても、明仁天皇が心を寄せていることはよく知られています。

しかし、同時に確認されなければならないのは、昭和天皇の沖縄に対する2つの責任です。

昭和天皇は1945年2月、終戦を訴える近衛文麿の提言を退け、沖縄地上戦を招いてしまいました。その時点で「降伏」していれば、凄惨な沖縄戦のあれほどの犠牲はなかったのではないか、と言われています。

さらに、日本国憲法が施行され、天皇が国政の権限をなくした後の1947年9月、「米軍による沖縄や琉球列島のその他の島の占領状態を50年間ないし、もっと長期間継続させることを希望する」とのメッセージを送っていたことが明らかになりました。当然、これらについて、歴史的な評価は残されているでしょうが、「事実」がある以上、それを見逃がすことはできないでしょう。

明仁天皇の「沖縄への思い」は、そうした事実を知った贖罪的な感覚もあるだろうと思います。しかし、明仁天皇は、そうした事実を明らかにしないまま、戦後の歴史を自分の経験と重ねつつ語り、「象徴天皇」の在り方を考えてきた、と言うのです。

こうした問題を一つひとつ考えていくと、明仁天皇がしてきた「平和への努力」も、大きく言えば、自民党政権がおこなってきた戦争、植民地支配の棚上げ、隠蔽であり、対米従属の自民党政治の肯定になってしまっていることを見逃がすわけにはいきません。もちろん、こうした問題について、いちいち論評することはできませんし、発言をそういう方向で整理していくこともできない相談です。

しかし、明仁天皇夫妻の言動が「正しいこと」にされ、歴史や日本の厳しい現実を見えなくしてしまうことがあるとすれば、それこそ問題ではないでしょうか。

憲法学の立場から言えば、一切認められるべきではないとの意見も強い「公的行為」や「象徴としての行為」もいったん認めてしまえば、ここまではよくて、この先はいけない、という「線引き」はほとんどできません。

天皇の「行為」、「公的行為」「象徴としての行為」の矛盾も、身分についての矛盾と同様、憲法原則とまったく相容れないことなのです。

この問題を突き詰めていくと、やはり、天皇というひとりの生身の人間を「象徴」という非人間的な立場に押し込め、その存在に一定の役割を負わせようとした「制度」に問題があると言えるのではないでしょうか。

## 「象徴天皇制」の未来と国民

明仁天皇は、自ら述べているように、即位以来の30年間、それだけではなく、皇太子時代から、「象徴天皇のあり方について」考えてきました。「2016年8月のビデオ・メッセージ」と2018年12月の誕生日の2つの発言は、「象徴天皇のあり方」についての彼としての「結論」だったのは間違いないことでしょう。

「憲法に定められた象徴としての務めを十分に果たせる者が天皇の位にあるべきだ」

明仁天皇の胸中を勝手に忖度すれば、「国の指導者でなければならず、しかし天皇を利用し暴走する勢力を止められなかった昭和天皇の失敗は許されない。しかし、「国事行為しか許されない」とする憲法の要請を知りながら、「象徴としての行為」を確立していかなければならない」と考えた行動の積み重ねだったのだろうと思われます。

そこには「政府の助言と承認」に縛られながら、一定の「政治的意味」を十分意識した彼の意思を見ることができるでしょう。

しかし、憲法学者の中には、憲法の中に、「国事行為」と「私的行為」の間の「公的行為」の範疇を認めたり、「象徴的行為」を認める意見も確かにあるのですが、その場合にも「制限」や「条件」が示されており、無条件に「象徴的行為」が認められているわけではありません。特にそれが国政とどこかで関わる政治的な問題である場合、明確に否定されるべきだ、とする意見が強いのです。

そうした立場から、30年間の明仁天皇の言動を検討してみると、状況は決して問題ないものではありません。

## ・憲法を遵守、わが国の一層の発展

1990（平成2）年11月12日　即位礼正殿の儀

さきに、日本国憲法及び皇室典範の定めるところによって皇位を継承しましたが、ここに「即位礼正殿の儀」をおこない、即位を内外に宣明いたします。このときに当たり、改めて、御父昭和天皇の六十余年にわたる御在位の間、いかなるときも、国民と苦楽を共にされた御心を心として、常に国民の幸福を願いつつ、日本国憲法を遵守し、日本国及び日本国民統合の象徴としてのつとめを果たすことを誓い、国民の叡智とたゆみない努力によって、我が国が一層の発展を遂げ、国際社会の友好と平和、人類の福祉と繁栄に寄与することを切に希望いたします。

**・天皇の務めは、国と国民のために尽くすこと**

1998（平成10）年12月18日　誕生日の記者会見

日本国憲法で、天皇は日本国の象徴であり日本国民統合の象徴であると規定されています。この規定と、国民の幸せを常に願っていた天皇の歴史に思いを致し、国と国民のために尽くすことが天皇の務めであると思っています。天皇の活動の在り方は、時代とともに急激に変わるものではありませんが、時代とともに変わっていく部分もあることは事実です。

**・戦前の教育を繰り返さない**

2006（平成18）年6月6日　シンガポール・タイ王国訪問前の記者会見。在日外国報道協会の代表質問「教育基本法改正に伴い愛国の表現を盛り込むことが、戦前の国家主義的な教育への転換になるのでは？」に対してこれからの日本の教育の在り方については関係者が十分に議論を尽くして、日本の人々が自分の国と自分の国の人々を大切にしながら世界の国の人々の幸せに心を寄せていくように育っていくことを願っています。戦前のような状況になるのではないかということですが、戦前と今日の状況では大きく異なっている面があります。（中略）

１９３０年から１９３６年の６年間に要人に対する襲撃が相次ぎ、総理または総理経験者４人が亡くなり、さらに総理１人がかろうじて襲撃から助かるという、異常な事態が起こりました。そのような状況下では議員や国民が自由に発言することは非常に難しかったと思います。

先の大戦に先立ち、このような時代のあったことを多くの日本人が心にとどめ、そのようなことが二度と起こらないよう日本の今後の道を進めていくことを信じています。

**・伝統的な天皇のあり方**

２００９（平成21）年4月8日　結婚満50年の記者会見

大日本帝国憲法下の天皇の在り方と日本国憲法下の天皇の在り方を比べれば、日本国憲法下の天皇の在り方の方が天皇の長い歴史で見た場合、伝統的な天皇の在り方に沿うものと思います。（中略）

今日の世界は決して平和な状態ではあるとは言えません。明るい面として考えられるのは、世界がより透明化し、多くの人々が事実関係が共有できるようになったことです。拉致の問題も、それがおこなわれた当時は今と違って、日本人皆が拉致を事実として認識することはありませんでした。このため拉致が続けられ、多くの被害者が生じたことは返す返すも残念でした。それぞれの家族の苦しみはいかばかりであったかと思います。

### ・皇室のあり方は皇太子と秋篠宮で

２００９（平成21）年11月11日　即位20年の記者会見

皇位継承の制度にかかわることについては、国会の論議にゆだねるべきであると思いますが、将来の皇室の在り方については、皇太子とそれを支える秋篠宮の考えが尊重されることが重要と思います。２人は長年私と共に過ごしており、私を支えてくれました。天皇の在り方についても十分考えを深めてきていることと期待しています。

### ・公務負担の軽減

２０１２（平成24）年12月23日　誕生日の記者会見

公務の負担の軽減は、公的行事の場合、公平の原則を踏まえてしなければならないので、十分に考えてしなくてはいけません。今のところしばらくはこのままでいきたいと考えています。私が病気になったときには、昨年のように皇太子と秋篠宮が代わりを務めてくれますから、その点は何も心配はなく、心強く思っています。

### ・知日派米国人に感謝

2013（平成25）年12月23日　誕生日の記者会見

戦後、連合国軍の占領下にあった日本は、平和と民主主義を、守るべき大切なものとして、日本国憲法を作り、様々な改革をおこなって、今日の日本を築きました。戦争で荒廃した国土を立て直し、かつ、改善していくために当時の我が国の人々の払った努力に対し、深い感謝の気持ちを抱いています。また、当時の知日派の米国人の協力も忘れてはならないことと思います。

### ・パラオとの交流

2015（平成27）年4月8日　パラオ国主催晩餐会での挨拶

ミクロネシア地域は第一次世界大戦後、国際連盟の下で、日本の委任統治領になりました。パラオには、南洋庁が設置され、多くの日本人が移住してきました。移住した日本人はパラオの人々と交流を深め、協力して地域の発展に力を尽くしたと聞いております。クニオ・ナカムラ元大統領はじめ、今日貴国で活躍しておられる方々に日本語の名を持つ方が多いことも、長く深い交流の歴史を思い起こさせるものであり、私どもに親しみを感じさせます。

しかしながら、先の戦争においては、貴国を含むこの地域において日米の熾烈な戦闘がおこなわれ、多くの人命が失われました。日本軍は貴国民に、安全な場所への疎開を勧めるなど、貴国民の安全に配慮したと言われておりますが、空襲や食糧難、疫病による犠牲者が生じたのは痛ましいことでした。ここパラオの地において、私どもは先の戦争で亡くなったすべての人々を追悼し、その遺族の歩んできた苦難の道をしのびたいと思います。

**・戦没者の追悼**

2015（平成27）年8月15日　全国戦没者追悼式での「おことば」

戦没者を追悼し平和を祈念する日に当たり、全国戦没者追悼式に臨み、さきの大戦において、かけがえのない命を失った数多くの人々とその遺族を思い、深い悲しみを新たにいたします。

終戦以来既に70年、戦争による荒廃からの復興、発展に向け払われた国民のたゆみない努力と、平和の存続を切望する国民の意識に支えられ、我が国は今日の平和と繁栄を築いてきました。戦後というこの長い期間における国民の尊い歩みに思いを致すとき、感慨は誠に尽きることがありません。

ここに過去を顧み、先の大戦に対する深い反省と共に、今後、戦争の惨禍が再び繰り返されぬことを切に願い、全国民と共に、戦陣に散り戦禍に倒れた人々に対し、心からなる追悼の意を表し、世界の平和と我が国の一層の発展を祈ります。

**・フィリピンの英雄**

2016（平成28）年1月27日　フィリピン大統領晩餐会での挨拶

当時貴国はスペインの支配下に置かれていましたが、その支配から脱するため、人々は身にかかる危険をも顧みず、独立を目指して活動していました。ホセ・リサールがその一人であり、武力でなく、文筆により独立への気運を盛り上げた人でありました。若き日に彼は日本に1か月半滞在し、日本への理解を培い、来る将来、両国が様々な交流や関係を持つであろうと書き残しています。リサールは、フィリピンの国民的英雄であるとともに、日比両国の友好関係の先駆けとなった人物でもありました。

昨年私どもは、先の大戦が終わって70年の年を迎えました。この戦争においては、貴国の国内において日米両国間の熾烈な戦闘がおこなわれ、このことにより貴国の多くの人が命を失い、傷つきました。このことは、私ども日本人が決して忘れてはならないことであり、この度の訪問においても、私どもはこのことを深く心に置き、旅の日々を過ごすつもりでいます。

## 「慰霊の旅」に欠けているもの

これらの発言が、政治的性格を帯びているものとして問題になるものであることは、検討されなければならないことですが、いまここで考えてみたいのは、国民に何となく歓迎されているこれらの天皇の発言が、実は、国民の意識をミスリードしたり、すり替えたりする問題をはらんでいることです。

天皇はこの30年の間に、かつての戦争について、犠牲者の慰霊を目的に国内、国外の旅をし、訪問先で語ってきました。天皇誕生日発言でも「戦後60年にサイパン島を、戦後70年にパラオのペリリュー島を、さらにその翌年フィリピンのカリラヤを慰霊のため訪問したことは忘れられません」と述べ、「平和の旅」を続けてきたことを、平和への努力として話しました。

メディアが天皇の「平和」への意思を示すものとして美化するいわゆる「慰霊の旅」ですが、その「慰霊」の対象は、基本的には「日本兵」でした。それらの土地では、激しい戦闘の中で命を落とし、また飢餓状態のまま戦病死した日本兵について、未だに遺骨収集すらおこなわれないまま、放置されている事実も指摘されています。

天皇はそれらの地で慰霊するとき、当然、日本兵だけでなく、連合軍の兵士や戦闘に巻き込まれた住民も対象にしています。花を捧げ、祈るとき、それは日本兵だけのことではないでしょう。

しかし、そこでの戦争、戦闘について、それがなぜ起きたのか、何がいけなかったのかを話したことはありませんでした。戦争がまるで天災のように起き、多くの命が失われたようでした。

そこには、かつての戦争についての「反省」や「お詫び」に類する言葉は全くありません。日本の侵略や植民地支配についての批判的視点は表明されていないのです。過去の戦争が日本の「侵略」の結果であり、地域に残した爪痕は「占領」や「植民地支配」の結果だったことについて言及し、謝罪したことはないのです。

この傾向は、見方によっては、アジアやミクロネシアの国の人たちには非礼で侮辱的だと受け取られても仕方のないような発言となっています。

パラオで、「住民を安全な場所に疎開させるなど、貴国民の安全に配慮した」と述べたり、フィリピンで独立運動のホセ・リサールの日本訪問を強調したことなどは、そうした例でしょう。

これらの発言は、「政治的発言」だというより、日本の近代史と天皇に関わる重大な論点がいつの間にかすり替えられ、歪められた宣伝になっています。

## 「新しい時代」とは何か

明仁天皇は誕生日の発言で、「来年春に私は譲位し、新しい時代が始まります」「新しい時代において、天皇となる皇太子と…」などと述べています。

2019年の新年のメディアでは、「平成最後の初日の出」などと、「平成最後」が喧伝されましたが、これはまさに、天皇によって時代が区分された戦前の絶対主義的天皇制の思想の名残りです。

既に指摘したように、安倍晋三首相はこの2019年の年頭から「新しい時代」を強調する発言を繰り返しています。首相にとって「新しい時代」は、「天皇代替わり」を契機にした改憲機運の醸成です。天皇がこれに荷担しているのではありませんが、こうして「新しい時代」

が演出されるとき、何が起きるのでしょうか。

「改憲」については先述しましたが、本来、天皇の代替わりや新元号がそのことで歴史区分になるはずはありません。天皇や天皇家にとっては確かに重大な出来事に違いありませんが、国政に何らの権能を持たない天皇の交替が新しい時代を作るというのは余りにも意図的です。

また、天皇がこの発言の中で、「退位」とは言わずに「譲位」と言っているのも気になります。「退位」は天皇の位を退くことですが、「譲位」は天皇の位を譲るのですから、全く違いますし、少なくとも今回の手続きで言えば、天皇の意思ではなく国民の意思としての天皇交替ですから「退位」です。

法律名は「退位」で、政府も「退位」と言っています。全国紙で「譲位」と言っているのは産経新聞だけのようですが、「主権在民」の憲法から考えると問題があると言えるでしょう。

## 「象徴のあり方を考える」とは？

明仁天皇はビデオ・メッセージや誕生日発言の中で、彼自身が日本国憲法の下で「象徴」と位置づけられた天皇の望ましい在り方について、ずっと考え続けてきたことを隠さず語っています。そして、「天皇となる皇太子とそれを支える秋篠宮」にも、変化する社会に対応して、象徴への問いかけをしてほしいと望んでいるようです。

しかし、この行動と発言は、どう理解すべきなのでしょうか？　憲法からみれば、天皇は何の政治的権限もないのですが、憲法の「象徴天皇制」とはどうあるべきかを非常に真面目に、自分で考え、行動してきたのですが、これはやっぱり憲法の規定を逸脱するものと言えるでしょう。

象徴天皇制とは何か、どうあるべきかは、天皇が決められることではなく、国民みんなで決めていかなければならないことです。

憲法上は、「国事行為」しかないのですから、それ以外の行為は「私的行為」しかないと考えるのが、素直な議論でしょう。しかし、そこに「公的行為」や「象徴行為」などを認める学説も増えてきています。天皇の実際の行為や発言を見るなかで「現実的」な解釈も出ています。

さあ、どう考えるべきなのでしょうか。

ただ、言えることは、明仁天皇も徳仁天皇も、人格を持った人間であり、社会のことや自分の生活・将来のことを考え、発言する「自由」はあると思います。大事なことは、それが必要以上に意味を持ち、国政を歪める方向、つまり、昔のような社会制度を導き出してはいけない、ということなのです。

憲法が生まれた頃、国民は、その内実よりも、「象徴天皇」というシンボルを作り出すことで天皇制度を守り、その矛盾はすべて天皇家の人々に押しつける形で70年間を過ごしてきたのではないしょうか。

そんななかで、明仁天皇は戦争を繰り返さないようにと願い、一方で慰霊の旅を続けながら、戦争・植民地支配の加害責任は棚上げにし、結局、対米従属のサンフランシスコ体制、日米安保条約の「肯定」を続けなければなりませんでした。これを逸脱すれば、大問題になっていたでしょう。明仁天皇は賢明にも、君が代、日の丸問題など、「天皇君主化」に通じる道については敏感に否定しながら、結局、この戦後の歴史を肯定し、現在に至っています。

そこで考えなければいけないのは、こうした明仁天皇・美智子皇后の言動が、天皇への「崇拝」や「あこがれ」とともに「正しいこと」とされ、日本人の考え方・思想に大きな影響を与えていることです。

天皇制の将来をどうするかは、おそらく数十年から100年レベルで議論され、いずれは、この象徴天皇制も憲法に書かれない時代が来るかもしれません。

しかし、少なくとも、いま、日本国憲法下で考えられなければならないのは、旧体制の復活、旧体制的考え方を克服し、主権在民の日本国憲法の考え方を徹底し、進めていくことでしょう。国民自身が自分の頭で考え、平和と国民主権、基本的人権の立場で天皇問題も考えていくことです。

# 3章　新時代の天皇制と天皇制をめぐる憲法論議
## ――憲法第1章の矛盾

### 「危機」に立った天皇制

1945（昭和20）年7月、ポツダム宣言が発表され、8月6日広島、続いて9日長崎に原爆が投下され、そしてソ連の対日宣戦布告もあり、日本政府は無条件降伏を受け入れる方向に傾きましたが、そこで当時の指導部がこだわったのは「国体護持」ということでした。8月9日の「御前会議」では、天皇の「聖断」で戦争を終結することが決まりました。

ポツダム宣言には、「無責任な軍国主義が世界から駆逐されるまでは、日本国民を欺きだまし、世界征服の挙に出る過誤を犯させた者の権力及勢力は永久に除去されなければならない」（第6項）と、軍国主義勢力の追放を宣言していました。同じ宣言の中には「われらは日本人を民族として奴隷化したり国民として滅亡させる意図を持っているわけではない」という言葉もありましたが、「われわれの捕虜を虐待した者を含む一切の戦争犯罪人に対して厳重な処罰を加へられる。日本国政府は日本国民の間における民主主義的傾向の復活強化に対する一切の障碍を除去し、言論、宗教及思想の自由ならびに基本的人権の尊重は確立される」といった項目（10項）もあり、「われわれはどうなるのか」の不安が決断を遅らせていたのです。

9日の御前会議では、米国側に「このポツダム宣言の諸条件の中には、天皇の国家統治の大権を変更する要求は、これを含まないものと了解するが、この点について明確なる返事をしてほしい」との留保をつけ、「ポツダム宣言を受諾する用意がある」旨をスイス政府を通して、連合国に通知しました。米国からは11日にバーンズ国務長官の「降伏の瞬間から、天皇および日本政府の統治権は連合国軍最高司令官に従属する」と回答があり、日本政府は「なお曖昧だ」という意見がありましたが、再度天皇が裁断を下したとされています。

日本は8月15日、天皇が自らマイクの前でポツダム宣言受諾を宣言し、9月2日、政府と軍の代表が東京湾上の米戦艦ミズーリの艦上で降伏文書に署名し、日本は降伏しました。そして、連合国の日本の占領が始まりました。

「国体」が何を意味するかについては、内外で様々な議論がありましたが、マッカーサーと幣原、吉田政権は、戦争放棄、戦力不保持の日本国憲法を作ることで、米国以外の連合国が主張していた天皇を戦犯指定から除外することを認めさせました。そして、具体的な統治に入った米国は、天皇の統治システムを占領支配に利用し、「日本の民主化」を進めたのです。

天皇も、「人間天皇」の宣言（1946年1月1日）、地方巡幸（1946年2月以降）などでこれに応え、連合軍に「国民の支持」を確認させました。

1946年2月、日本側の作業に業を煮やしたマッカーサー司令部は、日本国憲法の草案を日本側に提示しましたが、憲法第1章は「天皇」とされ、「天皇制」は明治憲法下とは違う形で残されました。

## 憲法と「天皇制」の矛盾

日本国憲法は、第1章に「天皇」の章を置き、「天皇は日本国の象徴であり、日本国民統合の象徴であつて、この地位は、主権の存する日本国民の総意に基く」と規定しました。

そして、かつての明治憲法では、「大日本帝国ハ万世一系ノ天皇之ヲ統治ス」（第1条）とし、「神聖ニシテ侵スヘカラス」（第3条）存在として、「国ノ元首ニシテ統治権ヲ総攬シ、此ノ憲法ノ条規ニ依リ之ヲ行フ」（第4条）とされ、立法（第5条）、司法（第57条）、行政（第6条）と陸海軍の統帥権（第11条）を握っていたのとは対照的に、日本国憲法では、「天皇の国事に関するすべての行為には、内閣の助言と承認を必要」とし、「天皇は、この憲法の定める国事に関する行為のみを行ひ、国政に関する権能を有しない」とし、内閣の助言と承認によっておこなう10項目の「国事行為」を規定しました。
しかし、この規定は、明治時代の天皇制をできるだけ変えないままで続けようとしたため、いくつかの基本的な点で「矛盾」を抱えたままできています。憲法学者の間では既に70年にわたって議論されてきたことですが、問題点は問題点として、整理してみましょう。

学校で「世界の国々」を学ぶとき、よく出てくる疑問は、多くの国は、「〇〇共和国」とか「〇〇王国」などと書かれているのに、日本は単に「日本国」と書かれているのはなぜか、という疑問です。かつての日本は、「大日本帝国」でしたが、いまは「日本国」です。これは、日本は選挙で選ばれる大統領などが統治する「共和国」でも、王様や皇帝が支配する「王国」でもないからです。日本は「共和制」とは言えないでしょうが、主権は国民にあることが明示されており、いわゆる「王国」とか「君主国」ではありません。そこで、「天皇制」が問題になります。

明治憲法の下で、日本は天皇が主権者（元首）として、憲法に基づいて「統治」する、という「立憲君主国」とされていました。しかし、日本国憲法では、「主権」は「国民」にある（主権在民）とされました。当然、「君主国」ではなくなったわけですが、「共和国」ではありません。そこで、単に「日本国」だというわけです。

ただ、諸外国との関係では、日本の大公使の信任状を出したりすることが天皇の国事行為とされていたりするので、君主国として扱われることも少なくないようです。

憲法学の議論では、天皇制は継続しているのか、断絶したのか、という問題が残っています。実は日本国憲法は、形式上は大日本帝国憲法（明治憲法）を改正する形で発布され、施行されました。日本国憲法の前には、実は、「朕は、日本国民の総意に基いて、新日本建設の礎が、定まるに至つたことを、深くよろこび、枢密顧問の諮詢及び帝国憲法第七十三条による帝国議会の議決を経た帝国憲法の改正を裁可し、ここにこれを公布せしめる」という、天皇の名前と印（御名御璽《ぎょめいぎょじ》）と日付、内閣総理大臣以下国務大臣の「副署」がある文書がついています。

しかし、その形式はともかく、内容的には、主権者が変わり、国としての原則も変わりました。大きく改められた日本国憲法の制定は、「１９４５年8月革命」と言われる性格のものでした。また、そう考えることが憲法を正しく解釈することができる、と考えられました。日本は、昭和天皇の後半期に、新しい憲法による以前の「天皇制」とは違った「象徴天皇制」が始まった、と考えられます。昭和天皇は初代の象徴天皇で、明仁天皇は2代と考えると、問題ははっきりします。

日本民主法律家協会『法と民主主義』２０１８年11月号の「憲法原則と「象徴天皇制」」と題する論文で、横田耕一九州大学名誉教授は、天皇制は日本国憲法で断絶したとの立場に立ちながら、「旧憲法の天皇制度から現憲法に抵触する部分を「引き算」したものとして理解」されている現実と、天皇代替わりの「特例法」が「象徴としてのご活動」を認めたことを批判しています。

## 皇室典範は憲法違反！

ですから、米国＝占領軍の中では、天皇を利用して占領政策を進めることは決めていても、専制君主として日本の政府と軍を動かしていた天皇を容認していたわけではありません。従って、憲法でも天皇には国政に権能を持たせず、国事行為を限定した「象徴」としての天皇を規定しました。

そして、それまでは皇室の家法として位置づけをしていた皇室典範を法律にしましたが、その内容については大きな変更をせず、皇位継承順位、女性天皇・女性宮家の否定、退位の否定、宗教的行事の実施などについては、前皇室典範をそのまま引き継ぐ内容にしてしまいました。

しかし、日本国憲法は基本的人権の尊重をベースとし、個人としての平等を規定していますが、そうしたことは全く無視したまま、皇室典範が決められたのです。その結果、いくつかの点で憲法違反と言えるような規定が決められてしまいました。

まず第1にあげられるのは、皇位継承順位の法定と女性天皇・女性宮家の否定です。

憲法では、「すべて国民は、個人として尊重される」（第13条）とし、「すべて国民は、法の下に平等であつて、人種、信条、性別、社会的身分又は門地により、政治的、経済的又は社会的関係において、差別されない」「華族その他の貴族の制度は、これを認めない」（14条）とし、「婚姻は、両性の合意のみに基いて成立し、夫婦が同等の権利を有する」（24条）と男女平等の婚姻も書かれています。

この立場から言えば、まず、「皇族」という身分制度を作った憲法は矛盾しており、この条項と相容れないでしょう。また、天皇や皇族を認めるにしても、皇室典範の「皇位は、皇統に属する男系の男子が、これを継承する」という規定は憲法違反と言うべきでしょう。

この「矛盾」について、憲法学者は「飛び地」論（長谷部恭男東京大学名誉教授）で答えています。

「憲法の認める普遍的な権利は、皇居の堀端を超えては及ばない」とし、「天皇に人類普遍の人権が認められず、その身分に即した義務と特権のみがあるのも、理の当然」「したがって、たとえば、「女帝」が認められないのは男女平等に反するという議論は、「飛び地」の外の憲法原則を「飛び地」の中に持ち込む倒錯した議論であってまじめな考慮にあたいしない」というのです。

しかし、憲法に本来「飛び地」などがあるのはおかしいということは、多くの人が考えることであり、まして、天皇や皇族がロボットではなく、ものを考え、発言し、自分で行動をする自由を持つ自然人であり、誰も自分の出自を決めて生まれてくるのではない、という当たり前のことを考えるなら、お濠の中にも人権の光ができるだけ届く方向で考えるべきでしょう。

とすれば、憲法に「象徴天皇」の規定があり「世襲」が決められたなかでも、法律になった皇室典範の規定を人権規定に沿った形に改正していくことは可能であり、女性天皇・女性宮家を是認する方向は皇位の継承順位にも大きく影響していくことになります。

もともと、女性天皇の問題は「庶子問題」と並ぶ問題として議論されてきたことでした。奥平康弘『「萬世一系」の研究』（岩波書店、2005年）によると、江戸時代からの歴代天皇をみると、1720年生まれ1735年即位の第115代桜町天皇以来、桃園、後桜町、後桃園、光格、仁孝、孝明、明治、大正まで、昭和天皇の前9代すべて、正妻の子ではなく、側室の子どもだったということです。

旧皇室典範を作った井上毅らは、このことについても議論したようですが、明治の典範では、庶子は認めながら、女性天皇を認めないことで落ち着きました。現在の皇室典範を作るときも、議論はあったようですが、「専制的天皇制」の否定をめざし、天皇に占領改革を支持させようとするGHQの下で、かつての天皇制の性格を多くの点で残し、現在に至っています。

当時は、男子の皇族も数多く、後継に問題が起きるとは余り考えられなかったこともあり、庶子を否定し、女性を否定しても、天皇制維持には問題を感じなかったのです。それが、余り検討されないまま、残されてしまいました。

つまり、いまの皇室典範は、女帝の禁止、天皇退位の否定、婚姻の自由の制限、即位の礼や皇室儀礼など、旧典範から引き継いだ条項が残り、憲法の原則からはかけ離れたものになっています。

## 「自由」を奪われた天皇、皇族

天皇の子どもとして生まれた男の子は、生まれたときから「天皇」になることが決まっている存在です。一般国民だったら、必ずしも父親の仕事を継ぐ必要はなく、「職業選択の自由」(憲法22条)がありますし、「居住、移転」の自由、「外国移住」し、または「国籍離脱」が認められています。しかし、天皇の場合、やめることができないのは今回の退位問題でもわかるように、認められるには特別措置法が必要ですし、即位前に天皇になるのを「拒否」することができるか、も重要な問題です。

外国の王室で言えば、不倫の恋の結果、結婚が認められず、王位を捨てウインザー公となった英国のエドワード8世のことなどが知られていますが、離婚も結婚も自由意思が尊重されるようですし、税金の支払いも義務づけられ、参政権も認められています。王族が街に散歩に出る国もあるようですし、オリンピックに出場する王族もあります。「任期」がある国王もいます。マレーシアの国王は国内の9州のイスラム教の王侯指導者サルタンが互選で選び任期は5年、カンボジアの国王は2つの王家から王室評議会が選ぶことになっています。

この「自由」のなさについて、元共同通信の板垣恭介記者は『明仁さん、美智子さん、皇族やめませんか』(大月書店、2005年)で、批判しています。

板垣氏は「明仁天皇は「憲法を遵守する」と言ったが、自民党は勝手に憲法を変えようとしている」と、最後の章で、次のように書いています。

自民党の「新憲法草案」では、与党連合を組む公明党や、民主党の改憲派に配慮したので《愛国心の強調》は当初よりもトーンダウンさせている。しかし、本音は別のところにある。ハードルを低くした「憲法改正条項」を利用して、そのうちもっと色濃く《皇室への尊崇》ひいては《愛国心の強制》を打ち出すのではないか。

つまり、《愛する国》を守るために武器を持って立ち上がれという国民意識を高めようとするに違いない。いま行われている「歴史教科書の改変」と「国旗・国歌の強制」などは、その地ならしなのだ。

明仁天皇はとても困ると思う。

父昭和天皇の苦悩を一番知っているのは明仁天皇だ。軍服を着た父。生き神にされた父。その神秘性を利用された父。小学六年生まで、それを信じていた自分。その価値観が一夜で逆転してアイデンティティーを見失い、やっと新憲法をよりどころにして、心の安定を見つけ、それを支えに即位して一七年……。「天皇家は武ではなく文です」と語った皇太子時代の言葉は、穏やかな表現だが、心の奥の葛藤からふり絞られた痛切な思いだったと思う。靖国神社に行かないのもそのためだ。「オイオイ待ってくれよ」と叫びたいに違いない。

しかし何度も言うが、天皇には拒否権はない。

代わってわれわれ国民が考えなければいけない。こちらから「明仁さん、美智子さん、皇族やめませんか?」と言ってさしあげなければならないのだ。

今回の「退位したい」という天皇自身からの意思表示は、そうした問題についてどこからも問題提起がなく、天皇自身が発信するしかなくなった状況の下での意思表示でした。

## 天皇の「おことば」の意味

憲法違反であろうとなかろうと、天皇は、毎週のようにどこかに出掛けることを求められ、ときに訪問先では「おことば」を求められます。そのスケジュールをこなすだけでも大変だと思われますが、天皇の「象徴としての発言」は、「国政に関わることではないこと」が求められ、また「政治的」なものとは受け取られないことが必要です。

しかし、「おことば」であっても、「発言」であっても、いったん言葉として出てしまえば、受け取る人に何らかの影響を与えるのは当然です。人間同士、そうした言葉を通じて、共感したり、異論を伝えあったり、問題を考えあったりするのですから、そうした言葉を「政治的」と決めつけて排除するのは、天皇であっても基本的にあってはならないことだと思います。「梅雨空に「九条守れ」の 女性デモ」の俳句は有名になりましたが、人間としての「常識」とも言える「戦争はいけない」も「政治的だ」と排除される例もおきました（この俳句の件は、104ページで詳述しました）。そんなことが許されてはなりません。こう考えてくれば、公に発せられた明仁天皇の言葉についても、それが個人の見解である限り、最大限、自由であるべきだと思われます。

明仁天皇は、「憲法の遵守」以来、戦争犠牲者を悼み、災害の被災者に心を寄せ、平和や反戦を語り続けてきました。首相自らが「戦後レジームからの脱却」を声高に主張し、「戦争ができる国」「戦争する国」への道をひた走りし、そのための「憲法改正」を公言するなかで、静かな言葉で「戦争を繰り返してはならない」と語り続ける明仁天皇の言葉が、多くの国民の胸を打ったのも事実です。天皇の言葉は、憲法的制約を超えて、国民世論に支持されたと言うべきではないでしょうか。

## 私的行為と国事行為――天皇ができることとできないこと、やっていいこといけないこと

日本国憲法で「象徴天皇制」が生まれてから、憲法学者の間で議論が続いてきたのは、天皇の行為、つまり天皇がやっていいことをどう考えるか、でした。国家と国民統合の象徴とされ、国政には関与せず、10項目の「国事行為」だけをすることが決められた「象徴天皇」は、ほかに何ができるのでしょうか。

天皇も人間である以上、私人としての生活があり、純粋に「私的行為」があることは当然です。私的生活とは、「仕事」のほかに読書をしたりテレビを観たり新聞を読んだり、生物学であれ歴史学であれ、何かの探求に時間を費やしたり、新しい土地へ旅行をし、テニスでも散歩でも山登りでもして身体を動かすこと、神社にお参りし心洗われることなど、あらゆる行動が含まれます。

そして、こうした行動自体は原則的に「自由」であり、「個人の尊厳」の立場から保護されなければならないのが、日本国憲法の立場です。

しかし、「国事行為」以外に、そうした行為を認めると、その行為は、当然、歯止めなしに

拡大していく危険を持っています。

こうした観点から、戦後の憲法学を主導した宮沢俊義東京大学教授は、国家機関として国事行為をおこなうことのほかに、明文の根拠規定もないのに重要な政治的意味を持ちうる象徴としての行為を認めることについて、「憲法の禁じている天皇の政治的行為を是認ないし促進することになる恐れがあるのみならず、そういう憲法の認めない天皇の行為の種類を特に認める必要はない」と批判しています。

このため、むしろ、一定の公的行為を認め、内閣の「助言と承認」の枠に入れるべきだ、という意見も出てきているようです。

こうした議論を紹介した芹沢斉青山学院大学名誉教授は、『新基本法コンメンタール　憲法』（日本評論社、２０１１年）で、清宮四郎東北大学名誉教授の「国旗などのような静態的存在ではなく、人間を象徴たる地位に置いた以上、憲法上の制限も、国事行為以外の天皇の公的行為をすべて排除するという意味を含むものではなく、かえって何らかの公的行為を行うことを容認しているとみる」との考え方を紹介しています。

そして、「『国政に関する』行為の禁止という大前提は公的な性格を持つ象徴としての行為にも及ぶから、公的性格を有しても『国政に関する』とはいえない事実行為に限って、象徴としてなしうる行為の類型が認められるべきであり、上記のように介しても公的行為の拡大が天皇の政治的利用につながるおそれは少ない」とする肯定説も紹介しながら、「旧天皇制の復活を警戒するものだ」として、「否定・肯定の両説は、実は、天皇制の復活につながる天皇の政治的利用の危険を防ぐという目的において共通している」と指摘しています。

そしてさらに、「憲法の所期した天皇の非政治性を貫くという観点からは、国事行為と純粋な私的行為との中間に位置するような行為は一切禁止されるとする否定説、あるいはそこまで徹底しないとしても、「公的行為としては一切禁止され、私的行為としても、その大部分は、政治的効果をもたらすものとして否定される」とする原則的否定説が適合的である」と述べています。

## 明仁天皇の「象徴としての行為」

ところが、この70数年の間に、天皇がごく当たり前にしている行動の中から、憲法上決められた「国事行為」でもなければ、かといって「私的行為」でもない、「公的行為」なるものが生まれてきました。

この類型として、最初に問題になったのは国会開会式での「おことば」でした。「おことば」は明治天皇時代の「勅語」、開会宣言なのですが、日本国憲法下では違います。しかし、天皇が公の立場で国会の開会式で発言するわけですから、「私的行為」と片付けるのにも無理があると考えられたのでしょう。また、「私的行為」となれば、当然「内閣の助言と承認」も必要なくなるわけですから、「おことば」が政治的色彩を帯びたものであっても規制できない、という問題が起きてきます。

そこで「おことば」については、国事行為の一つである「儀式」に属するという考え方もありましたが、他の国家機関などの会合に臨席、参列する場合もあるため、これを儀式に含めることはできないと解釈され、「おことば」は国事行為ではないことになるでしょう。結局、「象徴としての公的行為」を認め、むしろその枠からはみ出ないよう統制を図る、という考え方が一般的になったと言えるでしょう。


特に、2016（平成28）年8月、天皇がビデオ・メッセージで、「国民に対する理解を深め、常に国民と共にある自覚を自らの内に育てる必要を感じてきました。こうした意味において、日本の各地、とりわけ遠隔の地や島々への旅も、私は天皇の象徴的行為として、大切なものと感じてきました」「国内のどこにおいても、その地域を愛し、その共同体を地道に支える市井の人々のあることを私に認識させ、私がこの認識を持って、天皇として大切な、国民を思い、国民のために祈るという務め」などと述べて、「象徴としての務め」を位置づけたことは、この議論を一歩進めることになりました。

さらに2018年12月23日、天皇としてはこの日が最後になる「天皇誕生日」の記者会見でも「象徴としての行為」について表明しました。

しかし、明仁天皇が「象徴」について発言していることは、憲法からいえば、政府の「助言と承認」の範囲内だとしても、問題があるでしょう。

例えば、天皇はその務めの第一を「国民の安寧と幸せを祈ること」だとしていますが、「祈る」という行為が宗教的行動だとすれば、憲法が求めるところではないし、積極的に、天皇が「国民統合の象徴としての役割」を果たしていくのだとすれば、それはおそらく憲法が予定したことではなかったからです。

横田耕一教授は、「象徴天皇制においては、憲法規定を括弧の中に入れたまま、事態は憲法の趣旨から遊離して進んでいる」と厳しく指摘しています。

こうした事情は、新しいものですが、政府は既に「公的行為」を認め、その要件を考える考え方をとってきていました。

1975（昭和50）年3月14日衆院内閣委員会で、角田礼次郎内閣法制局第一部長答弁は、①「国政に関する権能」が含まれていない、②その行為について内閣が責任を取ること、③象徴としての地位に反するものでないこと―を要件として「象徴としての公的行為」を認める考え方を取っていました。今回の発言についても、この考え方を引き継ぐことになるだろうと思われます。

日本国憲法

第1章　天皇

第1条　天皇は日本国の象徴であり日本国民統合の象徴であつて、この地位は、主権の存する日本国民の総意に基く。

第2条　皇位は、世襲のものであつて、国会の議決した皇室典範の定めるところにより、これを継承する。

第3条　天皇の国事に関するすべての行為には、内閣の助言と承認を必要とし、内閣が、その責任を負ふ。

第4条　天皇は、この憲法の定める国事に関する行為のみを行ひ、国政に関する権能を有しない。

2　天皇は、法律の定めるところにより、その国事に関する行為を委任することができる。

第5条　皇室典範の定めるところにより摂政を置くときは、摂政は、天皇の名でその国事に関する行為を行ふ。この場合には、前条第一項の規定を準用する。

第6条　天皇は、国会の指名に基いて、内閣総理大臣を任命する。

2　天皇は、内閣の指名に基いて、最高裁判所の長たる裁判官を任命する。

第7条　天皇は、内閣の助言と承認により、国民のために、左の国事に関する行為を行ふ。

1　憲法改正、法律、政令及び条約を公布すること。

2　国会を召集すること。

3　衆議院を解散すること。
4　国会議員の総選挙の施行を公示すること。
5　国務大臣及び法律の定めるその他の官吏の任免並びに全権委任状及び大使及び公使の信任状を認証すること。
6　大赦、特赦、減刑、刑の執行の免除及び復権を認証すること。
7　栄典を授与すること。
8　批准書及び法律の定めるその他の外交文書を認証すること。
9　外国の大使及び公使を接受すること。
10　儀式を行ふこと。

第8条　皇室に財産を譲り渡し、又は皇室が、財産を譲り受け、若しくは賜与することは、国会の議決に基かなければならない。

## 女性天皇の検討と中断

いま、天皇の「生前退位」が問題として登場するなかで、改めて議論になっているのが、実は、今のままで放置しておくと、天皇家を継ぐ人がいなくなって、「天皇制」は自然に崩壊してしまうという問題です。実はこの問題は小泉純一郎内閣時代の2004（平成16）年当時、女性天皇問題として検討されたことがありました。

皇室をめぐっては、皇太子・徳仁（1960年生まれ）が小和田雅子（1963年生まれ）と結婚したのは1993（平成5）年ですが、「後継ぎを」という皇室内外の「圧力」の下で体調不良になり、雅子妃は1999年には「ご懐妊」報道もあったりし、「稽留流産」も経験しました。結局、皇太子夫妻に子どもができ、愛子内親王が誕生したのは2001（平成13）年12月です。

しかし、女性は天皇になることはできず、男性皇族が約40年誕生していないことから、皇位継承に支障を来たす恐れがある、との声の中で、2004（平成16）年12月、「皇室典範に関する有識者会議」が設置され、皇位継承やそれに関連する制度について翌2005年1月から検討が始まりました。

この背景の1つには国連の女子差別撤廃委員会の動きもあったようで、産経新聞によると、2003年7月の同委員会の対日審査では、皇太子ご夫妻の長女、愛子内親王（2001年12月生まれ）が女性天皇になる道を開くために「皇室典範の改正を検討したことがあったか」との質問が出たことがあった、ということです。

その後も、2016年（平成28年）に同委員会が日本に関してまとめた最終見解案に皇位継承権が男系男子の皇族だけにあるのは女性への差別だとして、「委員会は既存の差別的な規定に関するこれまでの勧告に対応がされていないことは遺憾」「皇室典範に男系男子の皇族のみに皇位継承権が継承されるとの規定を有している」ことに懸念を表明する見解が盛り込まれていました。日本側に提示された最終見解案はそのうえで、「母方の系統に天皇を持つ女系の女子にも皇位継承が可能となるよう皇室典範を改正すべきだ」と勧告していた、と報じられています。しかし、日本側は駐ジュネーブ代表部を通じて強く抗議し、削除を要請。最終見解では記述は消えた、とのことでした。

「女性天皇」を検討した有識者会議は、17回の会合を開き、２００５（平成17）年11月24日には皇位継承について女性天皇・女系天皇の容認、長子優先を柱とした報告書を提出しましたが、小泉首相は２００６（平成18）年2月10日、秋篠宮文仁親王の紀子《きこ》妃が懐妊したことで、与党内で慎重論が強まり、皇室典範改正法案の提出を先送りすることを発表。秋篠宮家に悠仁《ひさひと》親王が誕生したことで、当日の9月6日、２００７年の通常国会でも法案の提出をおこなわない意向を示しました。

　報告書の主な内容は次のとおりでした。

・女性天皇及び女系天皇を認める。
・皇位継承順位は男女を問わず第一子を優先とする。
・女性天皇及び女性の皇族の配偶者も皇族とする（女性宮家の設立を認める）。
・永世皇族制を維持する。

・女性天皇の配偶者の敬称は「陛下」などとする。
・内親王の自由意思による皇籍離脱は認めない。

小泉首相は皇室典範改正案の成立に積極的でしたが、与党自民党では「ポスト小泉」の候補者がいずれも改正に慎重な態度でした。

当時内閣官房長官だった安倍晋三は、有識者会議が「男系維持の方策に関してはほとんど検討もせず、当事者である皇族のご意見にも耳を貸さずに拙速に議論を進めたこと」を批判。フジテレビの番組では「ずっと男系で来た伝統をすぐ変えるかどうか、慎重になるのは当然ではないか」と発言。女性天皇への否定的姿勢を示していました。

皇室典範（抜粋。表記は憲法に準じて変更しました）

第1章　皇位継承

第1条　皇位は、皇統に属する男系の男子が、これを継承する。

第2条　皇位は、左の順序により、皇族に、これを伝える。

1　皇長子
2　皇長孫
3　その他の皇長子の子孫

4　皇次子及びその子孫
5　その他の皇子孫
6　皇兄弟及びその子孫
7　皇伯叔父及びその子孫
前項各号の皇族がないときは、皇位は、それ以上で、最近親の系統の皇族に、これを伝える。
前2項の場合においては、長系を先にし、同等内では、長を先にする。
第3条　皇嗣に、精神若しくは身体の不治の重患があり、又は重大な事故があるときは、皇室会議の議により、前条に定める順序に従って、皇位継承の順序を変えることができる。
第4条　天皇が崩じたときは、皇嗣が、直ちに即位する。

## 第2章　皇族（第5条〜第8条略）

第9条　天皇及び皇族は、養子をすることはできない。
第10条　立后及び皇族男子の婚姻は、皇室会議の議を経ることを要する。
第11条　年齢15年以上の内親王、王及び女王は、その意思に基き、皇室会議の議により、皇族の身分を離れる。
親王（皇太子及び皇太孫を除く。）、内親王、王及び女王は、前項の場合の外、やむを得ない特別の事由があるときは、皇室会議の議により、皇族の身分を離れる。
第12条　皇族女子は、天皇及び皇族以外の者と婚姻したときは、皇族の身分を離れる。
第13条　皇族の身分を離れる親王又は王の妃並びに直系卑属及びその妃は、他の皇族と婚姻した女子及びその直系卑属を除き、同時に皇族の身分を離れる。但し、直系卑属及びその妃については、皇室会議の議により、皇族の身分を離れないものとすることができる。
第14条　皇族以外の女子で親王妃又は王妃となった者が、その夫を失ったときは、その意思により、皇族の身分を離れることができる。
前項の者が、その夫を失ったときは、同項による場合の外、やむを得ない特別の事由があるときは、皇室会議の議により、皇族の身分を離れる。
第1項の者は、離婚したときは、皇族の身分を離れる。
第1項及び前項の規定は、前条の他の皇族と婚姻した女子にこれを準用する。
第15条　皇族以外の者及びその子孫は、女子が皇后となる場合及び皇族男子と婚姻する場合を除いては、皇族となることがない。

第3章　摂政（略）

第4章　成年、敬称、即位の礼、大喪の礼、皇統譜及び陵墓
第22条　天皇、皇太子及び皇太孫の成年は、18年とする。

第23条　天皇、皇后、太皇太后及び皇太后の敬称は、陛下とする。
前項の皇族以外の皇族の敬称は、殿下とする。
第24条　皇位の継承があったときは、即位の礼を行う。
第25条　天皇が崩じたときは、大喪の礼を行う。
第26条　天皇及び皇族の身分に関する事項は、これを皇統譜に登録する。
第27条　天皇、皇后、太皇太后及び皇太后を葬る所を陵、その他の皇族を葬る所を墓とし、陵及び墓に関する事項は、これを陵籍及び墓籍に登録する。

## 第5章　皇室会議

第28条　皇室会議は、議員10人でこれを組織する。

議員は、皇族2人、衆議院及び参議院の議長及び副議長、内閣総理大臣、宮内庁の長並びに最高裁判所の長たる裁判官及びその他の裁判官1人を以て、これに充てる。

議員となる皇族及び最高裁判所の長たる裁判官以外の裁判官は、各々成年に達した皇族又は最高裁判所の長たる裁判官以外の裁判官の互選による。

第29条　内閣総理大臣たる議員は、皇室会議の議長となる。

（以下、第30条～第37条略）

付則

この法律は、日本国憲法施行の日から、これを施行する。

現在の皇族は、この法律による皇族とし、第6条の規定の適用については、これを嫡男系嫡出の者とする。

現在の陵及び墓は、これを第27条の陵及び墓とする。

この法律の特例として天皇の退位について定める天皇の退位等に関する皇室典範特例法（平成29年法律第63号）は、この法律と一体を成すものである。

## 世界に広がる「男女同権」の波

今回の「代替わり」で、徳仁天皇に次ぐ天皇は、「皇嗣」となる徳仁の弟、秋篠宮で、そのあとは秋篠宮の長男、悠仁親王が予定されることになりましたが、悠仁親王は２０１９（平成30）年現在、なお13歳。うまく後継ぎができるかどうかについては全く未知数です。

現在、女性の皇族は昭和天皇の弟宮の妃殿下などを除くと、徳仁天皇の娘の愛子《あいこ》内親王のほか、秋篠宮の娘の眞子《まこ》（１９９１年生まれ）、佳子《かこ》（１９９４年生まれ）の両内親王、三笠宮家に彬子《あきこ》（１９８１年生まれ）、瑶子《ようこ》（１９８３年生まれ）の両女王、高円宮家に承子《つぐこ》（１９８６年生まれ）、典子《のりこ》（１９８８年生まれ）、絢子《あやこ》（１９９０年生まれ）女王などがいましたが、高円宮の典子女王は２０１４年に千家國麿さんと、絢子女王は２０１８年に守谷慧さんと結婚、皇籍を離れました。結局、現在は独身の女性皇族は愛子内親王を含め6人です。

ですから、女性天皇、女性皇族が認められるようになれば、この人たちが独立した宮家を創設して、皇族に残る可能性もゼロではありません。しかし、現状では、女性皇族は結婚すると皇族を離れることになっていますから、代替わりした徳仁天皇の時代には、天皇の継承権者は、秋篠宮と悠仁親王の2人だけになってしまいます。その後、成人した悠仁親王が結婚して男の子に恵まれるかどうかは、それこそ現人神でもわからない「神のみぞ知る」です。

この事態は、天皇家の後継問題だけをとっても、女性天皇、女性宮家を除外した制度設計には無理があることを示していると言えるでしょう。

世界の国々でも、古くは英国のエリザベス1世（1533年生まれ）などが有名ですが、「絶対的長子相続制」が広がり、女性の君主が登場するようになっていったのは、後継問題と「男女平等」の考え方が関わっているようです。君塚直隆関東学院大学教授の『立憲君主制の現在—日本人は「象徴天皇」を維持できるか』（新潮選書、2018年）によると、欧州の王室のうち、20世紀後半以降、スウェーデン、オランダ、ノルウェー、ベルギー、デンマーク、ルクセンブルグなどと続き、アジアでも広がっている、と指摘しています。

君塚教授は同書の中で日本の皇族と英国の王室を比較して、成人の王族の数はあまり変わりがないことを指摘し、「だが、決定的な違いは日本のような「臣籍降下」という慣習がないこ

# 皇室の構成（2019年1月1日時点）

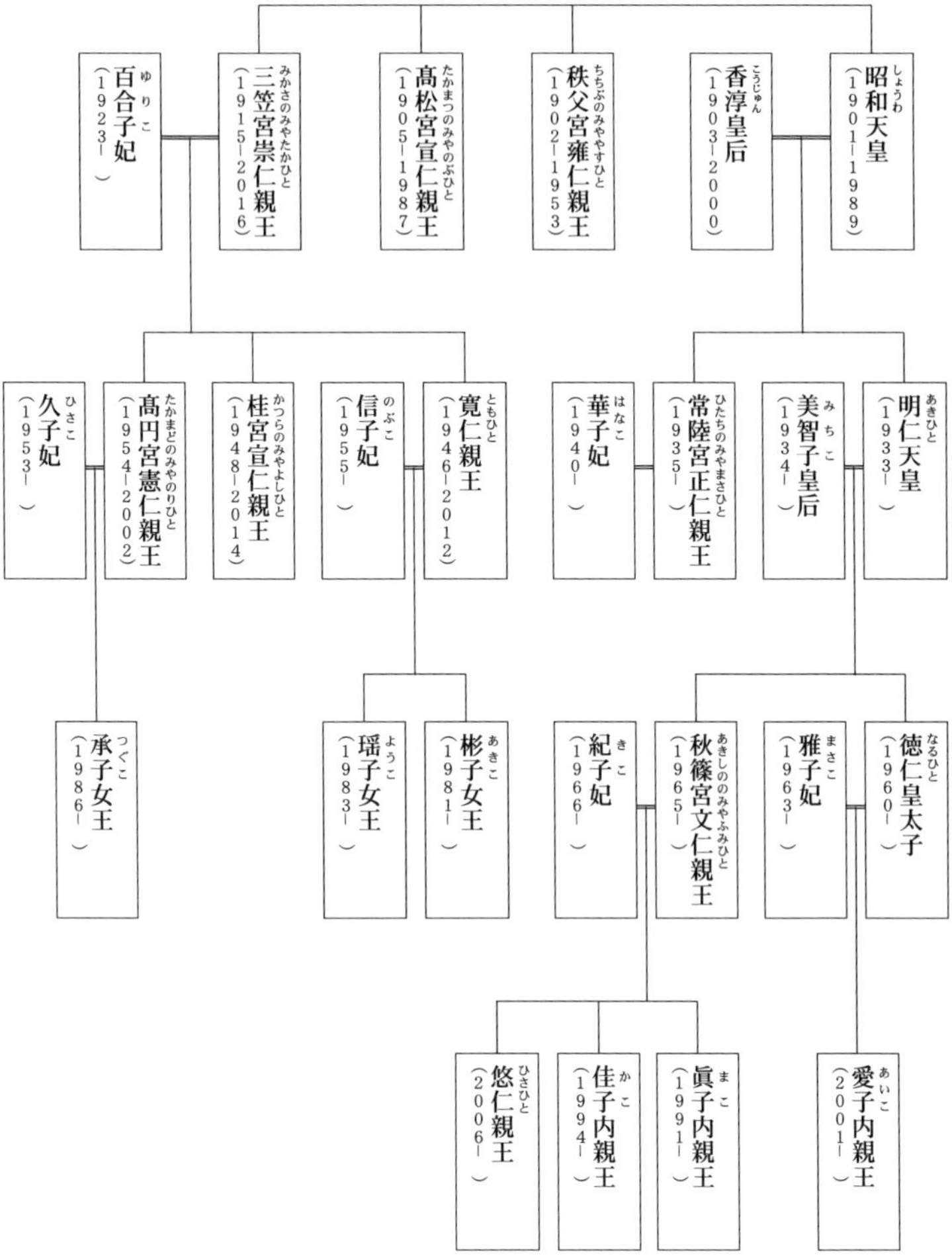

とだ」と述べ、皇室典範12条の「皇族女子は、天皇および皇族以外の者と婚姻したときは、皇族の身分を離れる」としていることが問題だとしています。

君塚教授は「あと30年ほど経過すれば、ベルギーのエリザベート（2001年～）、オランダのカタリナ＝アマリア（2003～）、ノルウェーのイングリッド・アレクサンドラ（2004～）、スペインのレオノール（2005～）といった具合に、愛子内親王（2001～）と同世代の王女たちが次々と各国で「女王」に即くことになる。その前に、2017年7月に40歳の誕生日を迎えたスウェーデンのヴィクトリア皇太子（1977～）がまずは同国でおよそ300年ぶりの女王となるだろう」と述べています。

## この際、皇室典範改正を

日本で女性天皇、女性宮家が認められていないのは、歴史的、伝統的問題は別にして、法的な問題だけで見ると、皇室典範がそう決めているからです。

皇室典範は、日本国憲法下では、大日本帝国憲法と並ぶ特殊なものだった旧皇室典範と違って、法律となったのですが、そこでは、旧典範の考え方が残され、女性皇族問題や女性天皇問題は認められないままでした。皇統を「男系の男子」という「万世一系」の考え方で継承するには、「女性宮家」を認めるわけにもいかなかったのです。

このため、皇室典範第1条では、「皇位は、皇統に属する男系の男子が、これを継承する」とされ、第12条は「皇族女子は、天皇及び皇族以外の者と婚姻したときは、皇族の身分を離れる」としています。また、皇室典範は、皇室に入った一般女性は、「夫の親王や、王が皇族の身分を離れるときや、皇族と離婚したときは皇族の身分を離れ、皇族の夫を失ったときや、離婚したときは、皇族の身分を離れることができる」（第13、14条）と決めています。

日本国憲法は、第2条で「皇位は世襲のものであつて、国会の議決した皇室典範の定めるところにより、これを継承する」と規定しました。もう一つ、この典範を改正した場合でも「世襲」規定はどうなのか、の議論も出てきそうです。

もともと天皇制とは、古くからの「血統」に依拠してきました。「君たちの中には、古くからの系図が残っている家もあるかもしれない。だが、124代の当主がずっとわかっていて記録されている家はまずないはずだ」というのは、終戦後の小学校の教室で天皇家の意味を解説した教師の言葉でしたが、この124代は、側室の子どもも、数代遡った親戚からの養子など、いろんなケースを含みながら続いてきたものでした。「世襲」の形は、古代はとにかく、少なくとも千数百年は続いてきていたわけです。

問題は「世襲」です。『広辞苑』によると、「その家の地位・財産・職業などを嫡系の子孫が代々うけつぐこと」で、「嫡系」の子孫とされており、一般的には、庶子や養子は含まれてはいないようです。

しかし、男女は問題にされていませんから、この条文は嫡出の女子を除外する理由にはなりません。つまり、憲法改正をしないでも、皇室典範の改正だけで、女性宮家の対象者を皇位後継者にすることは可能だと思われます。

渡辺治一橋大学名誉教授は、吉田裕ほか編『平成の天皇制とは何か―制度と個人のはざまで』（岩波書店、２０１７年）掲載の論文「近年の天皇論議のゆがみと皇室典範の再検討」の中で、「焦点は現行典範の改正である。憲法の人権原則と矛盾する制度の全面的な点検改正が不可欠だ」とし、①天皇の意思に基づいて「退位する自由」、②退位の自由に対応した「不就任の自由」、③皇族からの「離脱の権利」、④女性天皇を認める、⑤皇族男子の婚姻の自由、⑥即位の礼、大喪の礼など儀式の簡素化―を提案しています。

そもそも天皇があり、皇室があること自体、日本国憲法が予定する人間すべての自由と平等、その基本的人権が保障された民主主義社会という考え方とは明らかに矛盾しています。しかし、大戦を経験した日本人の先輩たちが選択した制度は、天皇をいきなり廃止してしまうのではなく、「象徴」として位置づけながら、軍隊をなくして戦争を放棄し、基本的人権の尊重と国民主権を確認し、民主化を進めていく社会でした。

それから70年を経て、いま安倍内閣はこの憲法理念を否定し、「改憲」を進めようとしています。「改憲」を主張する人たちは、そのために天皇制度と「代替わり」を利用し、旧体制の維持、復活へと歴史を改ざんし、国民意識を動員・誘導する方向に動いています。私たちはこの動きに敏感でなければなりません。

いま、私たちに求められているのは、矛盾を抱えた天皇問題でも憲法に基づいた理解と解釈を進め、国民主権に基づく改革を一歩一歩進めていくことでしょう。

「皇室典範の改正」を提起した渡辺教授は、論文の結論として次のように述べています。

「こうした改革の元でも「世襲」の天皇制は残り、憲法の一般原則との矛盾は残る。しかし、天皇制そのものの廃止は、上記のような憲法のめざす象徴性の構想の実現、典範改正による自由の制限、差別を解消していく方向の徹底を通して以外にあり得ない。それは、とりもなおさず、国民が自らの上に立つ権威への依存を否定し、民主主義と人権の貫徹する社会へ向けて前進する営みにほかならない」

## 「政治的発言」って何だ？

先に紹介した明仁天皇の様々な発言は、どれもメディアで報道され、それなりにニュースになりましたが、一部を除いて問題にされたものではありませんでした。つまり、大部分の発言については、多くの国民が「もっともだ」と考え、共感する内容でしたし、異論は出されていても、それがメディアで問題になったケースはほとんどありませんでした。

しかし、「天皇」という位置にある人の「私的とは言い難い発言」であれば、それが「政治的発言」とは言えないまでも、自ずと社会的な影響力を持つことは事実です。

「政治的」という言葉は「政治らしいさま」（『広辞苑』）。政治とは「まつりごと」「権力の行使、権力の獲得・維持に関わる現象」などとされています。要は権力に関わるかどうかですが、最近では、社会の改革を求める運動や行政についての異論を紹介する運動にまで、「政治的」とのレッテルが貼られている問題もあり、自治体の施設などをめぐって、住民団体を「政治的主張」などを理由に差別、排除したり、施設の貸与を拒否したりするなど、その「規制」の行き過ぎが問題になっています。

例えば、さいたま市大宮区で2014（平成26）年6月に、「梅雨空に「九条守れ」の女性デモ」という俳句が、公民館側から「「デモ」は、政府の九条解釈変更に反対するための意思を示すものだ」「世論を二分するテーマのため、公民館広報には掲載できない」と拒否されました。俳句を詠んだ当人は異議を唱えましたが、公民館側は「党派性のないことや中立性、公平性が求められる公民館の性格上、掲載しなかった」と主張しました。裁判になり、2018（平成30）年12月20日、掲載については「公民館は秀句をそのまま掲載する義務はない」としながら、不掲載の判断を違法と認め、市に慰謝料5000円の支払いを命じました。その後、判決が確定し、市は当事者に正式に謝罪しました。そのようなケースも出ています。

このように一市民の言動が「政治的」として問題にされることと比較すれば、ここに紹介した天皇の発言はほとんどが「政治的」なものであり、法的には「憲法違反」と判断されると考えてもいいように思います。

既に指摘しましたが、例えば、天皇は２００４（平成16）年10月28日の秋の園遊会で、将棋の永世棋聖で東京都教育委員だった米長邦雄の「日本中の学校に国旗を掲げ、国歌を斉唱させるのが私の仕事です」という発言に、「でも強制しないでね」と答えました。多くの人々からは「当然だ」との反応が出たのですが、このとき、仮に天皇が「そうですね。頑張ってくださいと述べたらどうだったでしょう。まさに、米長発言は「天皇の政治的利用」を狙った発言だったはずでした。天皇はそれを察知してかしなくてか、米長に同調せず、政治的に利用されることを避けたのです。

よく考えてみましょう。天皇の発言が全く私的な場で発せられたものではなく、天皇という立場で発言した言葉は何であれ、政治的性格を帯びざるを得ないでしょう。

こうした発言は、「内閣の助言と承認」が必要だったり、それに準じる内容を持つ発言だったとしても、それを規制できるはずはありません。そうなると、天皇の私的発言も厳しく判断されなければなりません。

こう考えてくると天皇の「私的行為」は「象徴的行為」や「公的行為」を含め、「政治的行為」として制限されるのではなく、むしろ「人間天皇」の基本にある「表現の自由」として自由になされることが正しいのではないでしょうか。そして、その発言が、過大に取り上げられて、国政に影響をおよぼしたり、不当に影響を広げられることがないような「扱い」が求められていると言えるのではないでしょうか。

## 闘った君主たち―欧州の経験

天皇の言動はこの30年の間にも、憲法に抵触しながら様々な形で広がり、続けられてきました。それは少なくとも、天皇自身としては「象徴天皇制のあるべき姿」を求め続けた結果でした。

前述したように、天皇制をどうするか、については、かつての戦争後、連合国の中でも意見が分かれました。しかし、日本を占領し「改革」にあたった米国は、天皇制を利用し、活用させる方向を選びました。天皇を中心とした国家機構をうまく使い、占領政策をスムーズに進めようとしたためでした。

一方、近代化を進めてきた欧州のいくつかの国では、封建制の名残りであるはずの国王、そして王室そのものが、自国への侵略に抵抗した歴史があります。日本とは違って、「侵略された側」でしたが、王室が国民の先頭に立ってナチスと闘う姿勢を示し、ナチスに対する抵抗運動を広げ、国をまとめるのに大きな役割を果たしてきたということです。

前掲の君塚直隆関東学院大学教授著『立憲君主制の現在─日本人は「象徴天皇」を維持できるか』は、欧州、とりわけ北欧3国の王政を詳しく検討しています。

それによりますと、まず、デンマークでは、ビスマルクの「策略」で1864年の第二次スレースヴィ戦争で敗北し、領土の一部を没収されましたが、1914年からの第一次世界大戦では、スウェーデン、ノルウェーとともに中立を保つことを宣言し、3国ともこれを守り抜きました。

ところが、第二次世界大戦では1940年4月、ヒトラーのドイツ軍がデンマークを急襲。王宮も包囲され、国王クリスチャン10世は降伏を余儀なくされましたが、1943年夏から始まった「自由評議会」のレジスタンス運動の中で、このクリスチャン10世が「ナチスへの抵抗」の姿勢をあらわにし、デンマーク在住のユダヤ人に「ダビデの星」をつけるようにというヒトラーの要求にも反対し、「デンマーク国民であるユダヤ人」にはナチスに指一本触れさせなかった（同書）ということです。

また、デンマーク同様、1940年4月、首都オスロや西海岸6か所を急襲されたノルウェーでは、国王ホーコン7世がドイツ軍に抵抗しましたがかなわず、ロンドンに脱出。抵抗組織「自由ノルウェー」を作り、BBCラジオを通じてノルウェー国民に訴え続け、祖国の解放に尽力しました。祖国脱出から5年後の1945年6月のオスロ帰還では、13万人の市民が集まり解放を喜び合った、とのことです。

スウェーデンは厳正中立の立場を守ることができましたが、ノルウェー、デンマークと違い、レジスタンス運動家の受け入れはしたものの両国への軍事的、経済的支援は一切しなかったことで、「「国王と国民と一体感」を生み出さない結果となった」（同書）のだそうです。

その結果、１９７４年には国民主権と議会制民主主義を基本原則とした憲法ができ、国王は君臨も統治もしない「象徴君主制」が誕生した、ということです。スウェーデンは、その後、王位継承法が改正され、それまで優先されることになっていた長男のカール・フィリップ王子に代わり、２歳年上のヴィクトリア王女が王位継承者第1位となり、正式に皇太子になっているとのことです。

君塚教授は同書で、

「第2次大戦を父とともに乗り越え、戦後のノルウェーを国民と一緒に支えたオーラヴ5世国王は、よくお供もつけずに宮殿の外を散歩し、街角の肉屋や魚屋、雑貨屋などに気さくに声を掛けることで有名だった。声を掛けられる市民のほうでも、「いやあ、王様！」と国王を大歓迎し、世間話に花を咲かせたものである」とのエピソードを紹介しています。

ここには、新しい時代の国民と皇室を考えるとき、その距離をどうしていくのか、という日本人が考えなければならない問題へのヒントも示されているようです。

## これからの「天皇家」もしくは「天皇制」

「国政に権能を持たない象徴的君主」は、欧州でも考えられてきたことですが、日本の場合も、考えられなければならないことだと思われます。

天皇家が神の末裔であるのかないのか、神事を司る家系だったのかどうか、「国民」とはどういう関係だったのか、こうした問題はいままでも議論され、様々な見解が表明されてきました。さらに、「君主」として政治的実権を持った天皇が誕生したのは、事実上、明治以降で、それまではやはり「象徴」に近いものだったことも明らかになってきました。

そうした議論の結果として現在広く言われているのは、天皇、皇室は少なくとも室町時代以降、「権威づけの装置」の一つとして、儀礼を「家業」として、その地位を保ち続けた存在だった、ということです。そして、千数百年を通じて積み重ねられてきた歴史は、日本の文化遺産であり、民族的な遺産として、今後も残されていかなければならないのではないか、ということです。

世界各地には、それぞれの場で、文書や言い伝えを含めて「祭り」などの行事が残されてきており、民族的な文化を伝えるものとして尊重されています。日本の天皇、皇室に伝えられてきたものも、それらと同様に、日本に残されていくべきものでしょう。

政治体制が大きく変わったアジアの社会主義国でも、仏教などの寺院が文化財として残され、僧侶たちもそうした文化を継承するための職業として位置づけられているようです。

国会でも皇室の問題が議論されてはいますが、外国の王室がかなり自由な活動をしているのに対し、明治以後の日本の皇室は、国威発揚に絡んで皇室の権威を高めていくために別個の存在として扱われてきた歴史があります。明治憲法下の皇室に関する法制を、新しい憲法に合わせてどのようにしていくかは十分な検討がなされていないと思われます。こうした視点での検討が必要なのではないでしょうか。

## 天皇家の存続をどうするか――「世襲」と「養子」は？

明仁天皇の退位、徳仁天皇の即位という「代替わり」は、次の代、その次の代、といった天皇の後継が問題になっています。
確かに、徳仁天皇に男子がいないため、皇室典範の規定で、いまのままだと天皇位を継ぐことができるのは、明仁天皇の息子の秋篠宮とその息子の悠仁親王しかいなくなってしまったことです。徳仁天皇にも秋篠宮にも、年齢から、新しい皇子が誕生する可能性はまずありませんので、その次の天皇家は、悠仁皇子が結婚して、彼に男の子が生まれることに賭けるしかすべはありません。（99ページの図「皇室の構成」を参照してください）
女性天皇や女性宮家を認めようという動きがあるのは、この天皇を継ぐ者がいなくなることを心配した議論です。

既に述べたように、かつての天皇家は男系男子とし、婚外の庶子も、代を遡った皇子も天皇になることができました。しかし、新憲法の下で日本政府は、「象徴天皇」と「皇室の民主化」を求めるGHQとの折衝に当たりましたが、まず、1947（昭和22）年10月、皇室と秩父・高松・三笠の直宮家を除く傍系11宮家が皇籍を離脱しました。

憲法施行前には、終戦直後から皇族を離れたいという皇族がいたことなどから、正式に決めた、ということですが、「皇族の特権を廃止する」というGHQの意向が響いたのは間違いなかった、と言えるでしょう。

このときの会議では、「皇統が絶える危険」の質問もあったそうですが、将来的な皇籍復帰を示唆する内容の発言もあったということで過ぎ、皇室典範では、女性は排除し、後継は男系に限るという選択をし、これを新皇室典範に残した結果、現在のような状況を引き起こしています。

また、この皇室典範は、後継問題だけでなく、天皇家の人々の基本的人権の問題でもあることは既に述べたとおりです。

もう一つ障害と考えられるのは、憲法の「世襲」という言葉です。「世襲」というのは「家制度」を前提にした考え方で、やはり血筋を問題にします。

しかし、現代の日本では歌舞伎や能、狂言をはじめ、家元制度がある茶道、華道などでは、遠縁の親族や芸などの「お弟子さん」を含め、広く養子が認められ、かなり自由に「世襲」がおこなわれています。

先に紹介した渡辺治教授は、明治の皇室典範には、①皇位継承を中心とする皇室の制度や運営を議会や政党からの介入を遮断して維持する、②皇室の「伝統」の取捨選択、改作を通じて、明治国家の国民統合の要となる新たな天皇イデオロギーを創出する、③天皇の恣意的意思や天皇位をめぐる支配階級内の権力争いが政治や意思決定を混乱させることを防止する、④皇位継承の安定を図る―の4つの狙いを持っていたとし、次のように言っています。

「四つのねらいは、いずれも専制国家体制の要として強大な政治権力を保持した天皇制の維持のためのものであったから、天皇制が全く新しい象徴性に変わったからにはもはや意味がなくなり、明治典範の全体が新憲法に照らして再検討されるべきであった。例えば女帝否認については、男系男子という万世一系イデオロギーが否定され、また象徴天皇は政治権限が剥奪されたため、井上（馨＝引用者注）らが心配した皇位をめぐる支配層内の権力争いなども考慮の余地がなくなった。となれば、この制度は、男女平等を始め、憲法の一般原則との矛盾がないよう見直されるべきであった。しかしそうした点検は行われなかった」

事情は分かりました。ではどうすればいいのでしょうか？　天皇などやめてしまえばいい、という議論は一つの議論です。しかし、多くの国民が、いまの「天皇制度」に一定の意義を認め、その継続を図るとするなら、まさに渡辺教授の言うように、皇室典範を再検討し、見直し、改正することが最初の道筋でなければなりません。

そこで考えられなければならないのは、①男女同権の立場からの女性宮家の創設容認、②最初の子どもに優先権を与える「長子相続制」による女性天皇の容認、③天皇、皇族の就任（即位、退位）の容認、④養子の容認、⑤天皇や皇族の発言の自由を含めた基本的人権の容認―などでしょう。そしてさらに、皇室会議を、こうしたルールを運用するための調整機関として充実していくことではないでしょうか。

今回の「代替わり」で、新しい天皇が誕生しましたが、彼も間もなく還暦です。皇嗣となる秋篠宮も50代半ばです。今日、このような形の代替わりがおこなわれるとしても、制度を変えないままで置いた場合、30年、40年後、こうした事情が好転しているとは考えにくいことです。

天皇は日本国の象徴であり、日本国民統合の象徴であって、「この地位は、主権の存する日本国民の総意に基く」のです。私たちも他人事だとしておいていいはずはありません。

Ⅱ部

# 戦前の天皇制教育から今日の道徳教育への道

岩本　努

# 戦後教育による近現代史認識
## ——本編まえがきにかえて

### 「天皇のあかご」？

もう20年近く前のことです。法政大学で私が担当していた授業は「地理歴史科教育法」。年間授業のうち、数回を学生の模擬授業にあてていました。あるとき学生が「戦時中の国民生活」の授業をしました。そのなかで、教師役の学生Kが用意してきたプリント資料を、生徒役の学生Nに読ませました。

そのプリントの中に「国民は天皇の赤子として皇国民錬成事業に参加し…」のようなくだりがありました。Nは、「赤子」を「あかご」と読んでスルーしました。K君も何も注意しません。「おやおや」と思いました。K君の発表が終わった後で、「N君の読んだ資料の読みで誤ったところがあるけれど、気付いたひとは？」と私は受講生全員に質問しました。60人位いた学生は誰ひとり手をあげません。K君にも聞きましたが、気がつかなかったと言います。

戦時中には「赤子」や「銃後」ということばは新聞などに頻繁に登場しました。人間も含めて生まれたばかりの子という意味で「赤子」を「あかご」と読むこともありますが、「天子などを父母にたとえ、その子の意」から（『日本国語大辞典　第二版』小学館）、頭に「天皇の…」がついたときは国民は「せきし」と呼ばれました。戦時中の時局を説明する文中ではほとんど「せきし」と読んで間違いありません。「あかご」と読んだのでは「戦時下の国民生活」を理解したことにはなりません。

こんな体験があってから、年度初めに学生の近現代史認識のアンケート調査を始めました。この体験の翌年（１９９７年）からだと思います。

法政大学のデータは失われていますが、その頃出講していた都留文科大学の１９９７年4月15日におこなった記録は残っています。回答者51名中、「せきし」と読めたのが7名（13・7％）、「あかご」が11名（21・5％）、最も多かったのは無回答（つまり読めないという意）で31名（60・7％）。「天皇の赤子」の意味を問うと、A「10~20字で説明できる」は2名（3・9％）、B「聞いたり読んだりしたことはあるがよくは知らない」6名（11・7％）、C「全く知らない」42名（82・3％）でした。

## 天皇制教育の柱の無理解

私の近現代認識調査の柱は用語と重要な出来事の日付けの記憶調査の２本ですが、紙幅の関係から用語に関係するもののみを紹介します。20年に亘るものですから、回答の変遷も興味深いものがありますが、近年の調査から本書の内容とも関係する項目を抽出して紹介してみます（資料１）。

まず、①教育勅語、②御真影、③奉安殿についてです。

教育勅語体制ともいわれる明治以降敗戦までの教育。その柱は①②③でした。明治天皇の教育方針として渙発《かんぱつ》（詔書を天下に発布する）されたのが教育勅語でした。儀式は天皇・皇后の肖像写真である御真影に拝礼で始まります。教育勅語謄本と御真影が格納されていたのが奉安殿です。生徒は登下校時には奉安殿に最敬礼しなければなりません。①②③は不即不離の関係でした。

この項目の理解度は教育勅語は58・１％ですが、御真影、奉安殿になるにつれて徐々に下がり、奉安殿では８・１％しかありません。教育勅語体制というものが、戦後教育では体系的に理解されていないことを示しています。

⑤「天長節」はＣが64・５％、⑦「銃後」はＣがほぼ９割でした。「天長節」や「銃後」は「赤子」と同様、戦前戦中では日常語でした。天長節のことは戦時中の国民学校の修身教科書

## 資料1　近現代史認識アンケート結果抄録

2016年4月、立正大学、総数62名、大部分は1995～1996年生まれ

Ⅰ．次の事柄について、よく知っている（10～20字で説明できる）ものはA、聞いたり読んだりしたことはあるがよくは知らないものはB、全く知らないものにはCを記入しなさい。

① 教育勅語　A36名（58.1％）　B26名（41.9％）　C0
② 御真影　A21名（35.4％）　B20名（32.2％）　C19名（30.6％）
③ 奉安殿　A5名（8.1％）　B28名（45.1％）　C29名（46.7％）
④ 八紘一宇　A1名（1.6％）　B2名（3.2％）　C59名（95.1％）
⑤ 天長節　A4名（6.4％）　B16名（26.8％）　C40名（64.5％）
⑥ 天皇の赤子（意味と赤子の読み）
A2名（3.2％）　B11名（17.7％）　C48名（77.4％）
読み　せきし3名（4.8％）　あかご21名（33.8％）
無回答38名（61.2％）
⑦ 銃後（意味と読み）
A4名（6.4％）　B2名（3.2％）　C55名（88.7％）
無回答1名（1.6％）
読み　じゅうご14名（22.5％）　じゅうごう3名
じゅうあと1名（1.6％）　無回答44名（70.9％）

では1年生から出てきます（「サイケイレイ」の教材）し、3年生の音楽では「天長節」は歌う教材でした。このような用語が理解できていないということは、文字どおり戦時下の「銃後」の生活が学習されていないと言ってもよいのではないでしょうか。

## 7割以上が「鬼畜米英」の意味がわからない

用語に関する別の調査の報告です。

2014年に満州事変以後のアジア・太平洋戦争の授業をする必要があって、戦時下の用語の理解度を学生に聞いたことがあります（立正大学73名）。聞いた用語（4字熟語）は、①王道楽土、②五族協和、③宮城遥拝、④武運長久、⑤暴支膺懲、⑥八紘一宇、⑦灯火管制、⑧鬼畜米英、⑨神州不滅、⑩皇運扶翼の10語です。紙幅の関係で10語すべての結果を紹介できませんが、10問の中、9問の正解率が1割以下でした。

正解率が2割を超えたのは⑧鬼畜米英だけでした。しかし、「鬼畜米英」も「聞いたか読んだことはあるが、意味はわからない」が19名（26・0％）、D「聞いたことも読んだこともなく、意味はわからない」が33名（45・2％）、合わせて71％超であったのには驚きました。

⑩皇運扶翼の「聞いたことも読んだこともなく、意味はわからない」が61名（83・5％）で

あったことも、予想はしていましたが、注目されます。教育勅語では12ある徳目の集約点として「以テ天壌無窮ノ皇運ヲ扶翼スヘシ」（天地と共にきわまりない皇位の盛運をたすけなさい）が使われていますが、「皇運扶翼」が理解できないのなら、資料1の①の調査で教育勅語の「よく知っている」58・1％はもっと割り引いて考えなければならないかも知れません。

以上、筆者が教鞭をとっていた学生への調査ですが、現代の学生の近現代史の知識も認識も希薄なものと言わざるを得ません。しかし、学生だけではありません。戦後も70年を経ているのですから、この意識は学生のみならず国民一般にも共通するものではないでしょうか。

参院予算委員会での自民党三原じゅん子議員の「日本が建国以来、大切にしてきた価値観、八紘一宇」という発言（2015年3月）や、2017年以降の森友学園問題を契機とした教育勅語論争、教育勅語の教材使用を否定しないという閣議決定も、国民の近現代史認識の底の浅さをついて出てきたように思われるのです。

かつて、ドイツ連邦共和国（西ドイツ）では14歳になると1年間かけてナチス時代の学習をしたと言います。ヴァイツゼッカーの「荒れ野の40年」の演説（「過去に目を閉ざす者は現在にも盲目となる。我々は、若かろうが歳をとっていようが、みな過去を受け入れなければならない」1985年戦後40年の連邦議会演説）もこうした歴史教育の土壌の中から生まれたに違いありません。

日本の教師は多忙で「授業の準備をする時間が足りない」と答えたのは小学校95％、中学校84％、高校78％という調査結果もあります（朝日新聞2016年5月12日）。しかし、日本では第二次世界大戦について生徒が聞く機会は約8割が「先生から」で、「テレビやラジオ」「祖父母」よりずっと高いのです（朝日新聞、2015年10月1日「いま子どもたちは」欄）。

先生方には「記憶の風化」を防いでいただかなければなりません。本書執筆の動機は、そのための情報を提供することでした。前述のような調査結果をふまえ、社会に流れている歴史認識や情報が正しいものであるかどうかを点検すること、そして、社会に流れていないものは何かなどを近現代史の史実にふれて考えていただきたいと思っています。

天皇の代替わり、「明治150年」の情報があふれる今、本書がそれらの問題を考える材料のひとつになれば幸いです。

# 1章　教育勅語を普及させた「修身」と儀式

## 「修身」が学科のトップに

1872（明治5）年に「邑《むら》ニ不学ノ戸《こ》ナク、家ニ不学ノ人ナカラシメン」（学制序文）として日本でも学校制度が始まりました。その時の「教則」によれば道徳教育にあたる「修身口授」の学科の序列は「綴字」「習字」「単語読方」「算術」に次ぐ5番目でした。「修身口授」にふりがなで「ぎょうぎのさとし」とあり（原文はカタカナ）、「民家童蒙解　童蒙教草等ヲ以テ教師口ツカラ縷々之ヲ説諭ス」と記すように、童蒙（まだ道理がわからない子ども）に教師が行儀作法を教えるものでした。低学年（現在の小学校1、2年生）しか授業がなく、週1時間の配当でした。

1879（明治12）年の教育令でも「修身」の序列は「読書」「習字」「算術」「地理」「歴史」に次ぐ6番目でした。それが翌年、1880年の「教育令改正」で「修身」は学科の首位に位置付けられます。この地位は１９４１（昭和16）年の「国民学校令施行規則」にいたるまで変わることはありませんでした。

修身が首位に躍り出た１８８０年の「教育令改正」に影響を与えたものは何だったのでしょうか。早く欧米に追い付くようにと、文明開化の風にのって近代化をすすめてきた明治政府でしたが、主張が新政府の政策に反映されないことに不満をもつ士族が各地で反政府暴動をおこし、１８７８年には天皇を護らなければならない近衛兵までもが反乱をおこします（竹橋騒動）。そして、自由民権運動も盛んになってきます。政府はこのままでは政治体制が危ないと考え、教育の方針を欧米流から中国の孔子の教えで封建道徳を説く儒教主義へと転換させるのです。

明治天皇の侍講（側近、教育係）元《もと》田《だ》永孚《ながざね》は１８７９年に「教学聖旨」を起草します。そこには、最近は文明開化の風潮にのって西洋のものをありがたがる傾向にあるが、「其流弊《そのりゅうへい》（筆者注：悪いならわし）仁義忠孝ヲ後ニシ徒《いたずら》ニ洋風是競《これきそ》フニ於テハ将来ノ恐ルヽ所終《つい》ニ君臣父子ノ大義ヲ知ラサルニ至ランモ測ル可《べ》カラス」、だからこれからは「仁義忠孝ノ心」を「其幼少ノ始ニ其脳髄ニ感覚セシメ」なければならない、と書かれています。

「教育令改正」の翌年には、文部省は小学校の歴史から外国史を教えないようにします。外国史を教えると、民衆の力で国王が処刑されるフランス革命や、イギリス本国の不当な支配に抵抗し、独立を勝ち取るアメリカ独立革命なども教えなければならず、それは天皇中心の国家体制（国体）にとって危険だと判断したのです。
こうした動きが1890（明治23）年の教育勅語制定へとつながっていくのです。

## 教育勅語はどのように制定されたか

政府の方針を各地の人々に伝える役割をになったのが県令でした（県令の呼称は1886年7月より知事と統一されます）。県令・県知事は現在の公選ではなく、内務大臣の任命制ですから、県令・知事は政府の動向や意向に敏感に反応していました。県知事たちの動きは1890年になると一段と活発になります。その年の11月29日には第一回帝国議会が開かれるからです。地方官（県知事）会議は毎年春に東京で開かれていました。1890年の会議は2月12日から27日までででした。各府県知事が「徳育」問題で活発な意見を述べ、26日には一同で榎本武揚《えのもとたけあき》文部大臣に面談し、「徳育涵養」について意見書を手渡しています。

時の総理大臣は山県有朋《やまがたありとも》です。山県は1888年12月から1889年10月まで長期にわたりヨーロッパの議会を視察してまわり、国会開設後のわが国で西欧風の「過激論」がはびこらないかと不安をいだいていました。山県は地方官たちの声に同感でした。山県が同感したというより、山県の意を汲んで地方官たちが声高に叫び始めたのかも知れません。山県は1882年に軍人勅諭をつくっており、教育にも同様なものが欲しいと考えていたことくらいは、県知事たちがわからぬはずはないからです。

軍人勅諭は1882（明治15）年1月に明治天皇が軍人に下した訓示です。山県が思想家の西周《にしあまね》に草案を作らせました。内容の最も重要なところは、冒頭の一節「わが国の軍隊は世々天皇の統率《とうそつ》したまうところにぞある」とあるように、日本の軍隊は天皇のための軍隊であると宣言したところです。明治憲法制定より前に天皇の統帥権《とうすい》（軍隊をひきいる権限）は天皇だけが持つ権利（天皇大権）で、政府の口出しを許さないと宣言しました。軍人の守るべき道徳は「忠節」「礼義」「武勇」「信義」「質素」の五箇条、そして、「死は鴻毛《こうもう》（羽根）よりも軽しと覚悟せよ」とか、「下級のものは、上官の命《めい》を承《うけたまわ》ること、実は直《ただ》ちに、朕《ちん》が命（天皇の命令）を承る義なりと心得よ」と戒めています。兵士の命は羽根より軽い、上官の命令には絶対服従、という日本の軍隊の規律ができたのです。

さて、県知事たちの声を聞いて、1890（明治23）年、明治天皇は榎本文部大臣を呼び、「教育に関し、徳育の基礎となるべき箴言《しんげん》（戒めのことば）を編纂し、常日頃児童に読ませなさい」と命じたと言います。ところが、榎本は活発には動きませんでした。榎本は幕末に長崎の海軍伝習所やオランダで航海術、砲術、化学、万国公法を学んでいるように、教育より理化学、国際法に強い関心を持っていたからです。

その年1890年の5月、内閣改造にあたり、山県総理は榎本に替えて、腹心の芳川顕正《よしかわあきまさ》を文部大臣にすえます。芳川は山県内務大臣（第一次伊藤博文内閣・1885年）時代の内務次官を務めます。長州出身の山県は国内政治の中核を担った内務省（知事の人事権の他、警察、神社なども監督した）に山県閥をつくって君臨しました。芳川の文部大臣就任には、天皇も多少難色を示したようでしたが、山県が熱心に芳川を推奨し、この男ならば、かねてお命じの教育上の箴言案も必ずできますからと保証したので、ようやく認めたと言います。

芳川は就任するとすぐに洋学にも通じた漢学者の中村正直《まさなお》（東京帝国大学教授）に草案づくりを依頼しました。中村は一か月もたたずに案文をつくってきました。ところが中村案には「吾カ心ハ神ノ舎スル所ニシテ天ト通スルナリ、天ヲ敬シ、神ヲ敬センニハ先《ま》ス《ず》吾カ心ヲ清浄純正ニセザルベカラズ、苟《いやしく》モ吾カ心清浄純正ナラサルトキハ、イカニ外面ヲ装ヘルモ天意ニ協《かな》ハス、君父ニ対シテ忠孝トナラス…」（心の中には神が宿っているから、天や神を敬うには自分の心を清らかにしなければならない、心が清らかでないときは、いかに外面を装っても天や天皇に対して忠孝とはならない）のように、忠孝をキリスト教の思想によって説明しようとしたところや、「智徳並ビ長シ、品行完全ナル人民トナリ、国ノ品位ヲ上進セシメ、外人ヲシテ畏敬セシムルコトヲ期スベシ」という、スケールが小さく、西洋流の個人主義的な趣があったと言われます。

山県と芳川もこの案文には不満でした。法制局長官の井上毅《こわし》に中村案を示し、意見と修正を求め、新たな案文づくりを頼んだようです。井上は伊藤博文《ひろふみ》と帝国憲法の起草に携わった人であり、洋学のたしなみもありました。だから、もともと、井上は教育勅語を出すことには疑問をいだいていました。なぜなら、教育の方向を勅語で示すというのは、政治上の命令と混同されると考えていましたし、国民の道徳心を向上させるには、まずもって政治家が率先して実践すべしという見識をもっていたからです。

それでも、井上は、総理からの要請であり、その背後には天皇の意向が働いていることがわかっていますから、しぶしぶ草案を認《したた》めました。その草案を、井上は山県だけではなく、天皇の侍講の元田永孚にも送り、修正を求めました。このように山県、芳川、井上、元田のグループが中心になり、何度かの修正・推敲をし、主要な草案は天皇にも見せて意見を求めて教育勅語はできあがったのです。

地方官たちの意見書から10月30日の渙発まで約8か月、井上毅の初案からわずかに約4か月。教育勅語は非常に急いでつくられました。なぜ急いでつくられたのでしょうか。従来は、帝国議会開院式が迫っていたから、それまでに教育の方針を打ち出しておきたいとする議会対策、さらに11月3日が天長節（天皇誕生日）だから、この日に全国の官庁・学校で勅語が読まれることを期待した、という理由が考えられてきました。

私はそれだけではない、と考えています。この頃（1889〜90年）、全国で米騒動が頻繁におこっていました。そうした「騒動」をしずめるために、「国憲ヲ重シ国法ニ遵《したが》ヒ」とする教育勅語の普及を急いだという理由をつけ加えたいと思います。全国の米騒動のうち、6月末から7月初旬にかけておこった佐渡島・相川の「暴民蜂起」は天皇・政府首脳を驚かせました。

陸軍の新発田に常駐していた部隊に鎮圧のため出兵を要請したほどです。その頃なぜ米騒動がおこり、どのように天皇・政府に恐れられたかは拙著『教育勅語の研究』（民衆社、２００１年）を見てください。

## 教育勅語には何が書かれているのか

教育勅語は冒頭の「朕惟《ちんおも》フニ」から末尾の「庶幾《こいねが》フ」まで全文３１５字です。句読点も濁点もない文章ですから大人が読んでもわかりにくく、渙発以来、さまざまな解釈書が刊行されてきました。その数は５００〜６００種を超えるでしょう。文部省図書局の全文通釈はありますが、ここでは国定修身教科書に載った解釈を文部省公認のものと考えて紹介します。大正期から昭和初期（１９２０年代〜１９３０年代初期）にかけて使われた『尋常小学修身書』巻四（4年生用）に「教育に関する勅語」として載ったものを次ページに紹介します。

教育勅語は3段でできています。

第1段は、「朕惟フニ」から「教育ノ淵源亦實ニ此ニ存ス」までです。

内容は、皇室の祖先が我が国を始めるにあたり、その規模が広大で、いつまでも動かないようにしたこと、また皇室の祖先は自身を修め、臣民（家来である国民）を愛し、万世にわたり手本を残した。また臣民は天皇に忠義を尽くし、親に孝行を尽くすことを心がけ、皆心を一つ

朕《チン》惟《オモ》フニ我《ワ》カ皇《クワウ》祖《ソ》皇《クワウ》宗《ソウ》國《クニ》ヲ肇《ハジ》ムルコト宏《クワウ》遠《エン》ニ
德《トク》ヲ樹《タ》ツルコト深《シン》厚《コウ》ナリ我《ワ》カ臣《シン》民《ミン》克《ヨ》ク忠《チユウ》ニ克《ヨ》
ク孝《カウ》ニ億《オク》兆《テウ》心《コヽロ》ヲ一《イツ》ニシテ世《ヨ》々厥《ソ》ノ美《ビ》ヲ濟《ナ》セル
ハ此《コ》レ我《ワ》カ國《コク》體《タイ》ノ精《セイ》華《クワ》ニシテ教《ケウ》育《イク》ノ淵《エン》源《ゲン》亦《マタ》實《ジツ》
ニ此《コヽ》ニ存《ソン》ス爾《ナンヂ》臣《シン》民《ミン》父《フ》母《ボ》ニ孝《カウ》ニ兄《ケイ》弟《テイ》ニ友《イウ》ニ夫《フウ》婦《フ》
相《アヒ》和《ワ》シ朋《ホウ》友《イウ》相《アヒ》信《シン》シ恭《キヨウ》儉《ケン》己《オノ》レヲ持《ヂ》シ博《ハク》愛《アイ》衆《シウ》ニ及《オヨ》
ホシ學《ガク》ヲ修《ヲサ》メ業《ゲフ》ヲ習《ナラ》ヒ以《モツ》テ智《チ》能《ノウ》ヲ啓《ケイ》發《ハツ》シ德《トク》器《キ》
ヲ成《ジヤウ》就《ジユ》シ進《スヽン》テ公《コウ》益《エキ》ヲ廣《ヒロ》メ世《セイ》務《ム》ヲ開《ヒラ》キ常《ツネ》ニ國《コク》憲《ケン》
ヲ重《オモン》シ國《コク》法《ハフ》ニ遵《シタガ》ヒ一《イツ》旦《タン》緩《クワン》急《キフ》アレハ義《ギ》勇《ユウ》公《コウ》ニ奉《ホウ》

4～6年生用の修身教科書には冒頭に教育勅語が載っているが、4年生用だけにはルビがついている。

シ以《モツ》テ天壤《テンジヤウ》無窮《ムキユウ》ノ皇運《クワウウン》ヲ扶翼《フヨク》スヘシ是《カク》ノ如《ゴト》キ
ハ獨《ヒト》リ朕《チン》カ忠良《チユウリヤウ》ノ臣民《シンミン》タルノミナラス又《マタ》以《モツ》テ
爾祖先《ナンヂソセン》ノ遺風《キフウ》ヲ顯彰《ケンシヤウ》スルニ足《タ》ラン
斯《コ》ノ道《ミチ》ハ實《ジツ》ニ我《ワ》カ皇祖《クワウソ》皇宗《クワウソウ》ノ遺訓《ヰクン》ニシテ子孫《シソン》
臣民《シンミン》ノ倶《トモ》ニ遵守《ジユンシユ》スヘキ所《トコロ》之《コレ》ヲ古今《ココン》ニ通《ツウ》シテ謬《アヤマ》
ラス之《コレ》ヲ中外《チユウグワイ》ニ施《ホドコ》シテ悖《モト》ラス朕爾《チンナンヂ》臣民《シンミン》ト倶《トモ》ニ
拳《ケン》々《く》服膺《フクヨウ》シテ咸《ミナ》其《ソノ》徳《トク》ヲ一《イツ》ニセンコトヲ庶幾《コヒネガ》フ

明治《メイヂ》二十三年《ニジフサンネン》十月《ジフグワツ》三十日《サンジフニチ》

御《ギヨ》名《メイ》　御《ギヨ》璽《シ》

図1　『尋常小学修身書』巻四（4年生用）　1920（大正9）年発行

にして代々忠孝の美風を全うしてきた。以上のことが我が国体（国柄）のきっすいな立派なところであり、我国の教育の基くところもここにある。

第2段は、「爾臣民父母ニ孝ニ」から「爾祖先ノ遺風ヲ顕彰スルニ足ラン」までです。

この段では天皇が「爾臣民」と呼びかけ、臣民が常に守るべき道を諭すところです。

その趣旨は、我ら臣民たるものは父母に孝行を尽くし、兄弟姉妹仲よくし、夫婦互いに分を守って睦まじくしなければならない。また朋友には信義を以って交わり、誰に対しても礼儀を守り、常に我が身を慎んで気ままにせず、しかも広く世間の人に慈愛を及ぼすことが大切である。また学問を修め、業務を習って、知識才能を進め、善良有為の人となり、進んでこの知徳を活用して、公共の利益を増進し、世間に有用な業務を興すことが大切である。また常に皇室典範・大日本帝国憲法を重んじ、その他の法令を守り、もし国に事変が起こったら、勇気を奮い一身をささげて、君国のために尽くさなければならない。

このようにして天地と共にきわまりない皇位の盛運を助けるのが、我らの務めである。以上の道をよく実行する者は、忠良な臣民であるばかりでなく、我らの祖先がのこした美風をあらわす者である。

第3段は、「斯ノ道ハ」から最後の「庶幾フ」までです。

第2段で諭している道は、明治天皇が新たに決めたものではなく、実に皇祖皇宗（皇室の先祖）が残した教訓であって、皇祖皇宗の子孫も一般の臣民も共に守るべきものであり、またこの道は昔も今も変わりがなく、どこでもおこなわれるものである。天皇は自ら我ら臣民と共にこの遺訓を守り、それを実行して皆徳を同じくすることを願っている。

以上が教育勅語の大意です。

教育勅語の第2段にある「父母ニ孝ニ兄弟《けいてい》ニ友《いう》ニ…」などを見て、教育勅語には良いことが書かれている、現代でも通じるという政治家などの発言を耳にします。しかし、「父母ニ孝ニ」以下の徳目はすべて「以テ天壌無窮ノ皇運ヲ扶翼スヘシ」につながっていたのです。「皇運ヲ扶翼ス」の教科書での解釈は前述のとおりですが、文部省図書局の「釈義」では「宝《ほう》祚《そ》の御栄を輔《たす》け奉ること」となっています。宝祚とは「あまつひつぎ」のことで「天照大神の系統を継承すること」（『広辞苑』）です。教育勅語全文の中で最もたくさん使われている用語は「臣民」（天皇の家来である国民）ということばです。全部で5か所に出てきます。「臣民」が守るべき道徳を述べたのが教育勅語なのです。

## 教育勅語の普及のさせ方

教育勅語は１８９０（明治23）年10月30日に天皇が内閣総理大臣・文部大臣を宮中に呼んで渡すという「渙発」（詔書を天下に発布する）というかたちで出されました。最初に官報に発表する「国務ニ関スル詔勅」とは異なります。天皇の個人的な見解を表明するという形式にしたわけです。しかし、翌31日には「官報」で発表し、芳川文部大臣は、「これから勅語の謄本を作って全国の学校に配布する。教育の職にある者は常に天皇の意図したことを汲むように、〈学校ノ式日及其の他便宜日時を定メ生徒ヲ会集シテ　勅語ヲ奉読シ且意ヲ加ヘテ諄《じゅん》々《じゅん》誨告《かいこく》シ（くりかえし諭し教え）生徒ヲシテ夙夜《しゅくや》ニ（朝早くから夜遅くまで）佩服《はいふく》スル（身につける）所アラシムベシ〉」と訓示しました。

この奉読式をきっかけにして、政府は学校儀式を重視していきます。儀式を使って勅語精神を普及しようとしたのです。1891年6月には次のような「小学校祝日大祭日（注）儀式規程」を制定しました。

第一条　紀元節、元始祭、神嘗祭及新嘗祭ノ日ニ於テハ学校長、教員及生徒一同式場ニ参集シテ左ノ儀式ヲ行フベシ

一、学校長、教員及生徒

天皇陛下及　皇后陛下ノ　御影《ぎょえい》ニ対シ奉リ最敬礼ヲ行ヒ且　両陛下ノ万歳ヲ奉祝ス　但《ただし》未《いま》ダ　御影ヲ拝戴セサル学校ニ於テハ本分前段ノ式ヲ省ク

二、学校長若《も》クハ教員　教育ニ関スル勅語ヲ奉読ス

三、学校長若《も》クハ教員、恭《うやうや》シク　教育ニ関スル勅語ニ基キ、聖意ノ在ル所ヲ誨告《かいこく》シ又ハ歴代

天皇ノ聖徳鴻業《こうぎょう》ヲ叙シ若《も》クハ祝日大祭日ノ由来ヲ叙スル等其祝日大祭日ニ相応スル演説ヲ為シ忠君愛国ノ志気ヲ涵養センコトヲ務ム

四、学校長、教員及生徒、其祝日大祭日ニ相応スル唱歌ヲ合唱ス

天皇の肖像写真である御真影は御影（ぎょえい、みえいとも読まれた）とも言われました。

この四の規程にもとづき、1893年には「小学校儀式唱歌用歌詞及楽譜」（君が代・紀元節・天長節など8曲）がつくられました。

こうして、第二次大戦の敗戦まで続く学校儀式の原型ができ、全国の学校で御真影に最敬礼・天皇陛下万歳・教育勅語奉読・「君が代」斉唱というパターンで儀式がもたれるようになりました。また、この儀式規程には、儀式には市町村長や役場の官吏、生徒の父母・親戚、住民の参列もよびかけていましたから、学校と儀式が地域教化の場ともなっていきました。

学校儀式での中心は御真影への最敬礼と教育勅語奉読でした。儀式では天皇・皇后の肖像写真をよく見させたり（実際は頭を下げていたから見ることはできなかった）、勅語の内容を理解させることが必ずしも目的ではありませんでした。

荘厳な雰囲気の中で、校長はモーニング姿と白手袋に威儀を正して、教育勅語を音吐朗々と読み上げます。校長訓話で「畏《おそ》れ多くも」とか「畏《かしこ》くも」が出て来ると、さっと直立不動の

「気を付け」の姿勢をとらなければならないこと（この言葉が出ると次には必ず「天皇陛下におかれましては…」の語が発せられる）など、粛々と進む式次第に知らず知らずのうちに、天皇はおそれ多い存在であること、天皇の命令には逆らうことはできないという感性をうえつけることが大事だったのです。

こうした学校儀式の効果を高めるために、儀式のあり方についての本もよく出されました。飯島利八著『小学校の儀式に関する研究』（1911年）もその一つで、それによれば、「儀式開始間際《まぎわ》における注意」として、「顔色の悪《あ》しき者有らば、薬を与へ、或は入場を控へしむるを可とす。便所へ行かせ置くことと、特に鼻汁を拭はせ置くことは肝要なり」と念が入っています。

そして、教育勅語朗読については、「思ふに、抑揚度にすぐれば、却りて虚飾失誠の恐れあり、高音にすぐれば、粗野に聞こへて尊厳を欠き、低音に過ぐれば、委縮銷沈して聖旨揚がらず。早きに失すれば軽浮の嫌あり、遅きに失すれば自ら其の生気に乏し、之を要するに声音清澄明瞭にして高低抑揚すべて其の中を得、緩急疾徐自然に　聖旨の所在を感知せしむるに至らしめざるべからず。而して其の練習は、単に式日のみに積み得べからず、さればとて、漫《みだ》りに口誦することも遠慮せざるべからざるを以て、須らく適当の場所と、時とを撰びて、独り自ら反復練習し、其の得たりと思ふ程を守りて、之を式日に実行するあるのみ」と記しています。

教育勅語の朗読の仕方も工夫と研究が重ねられました。

こんな指導をされていたのですから、儀式がいかにかたぐるしいものであったかがわかるでしょう。

儀式当日が子どもにとって苦痛な日であってはならないと、「儀式規程」では生徒を体操場や野外に連れ出して遊戯や体操をすることを学校側に勧めたり（第四条）、「生徒ニ茶菓又ハ教育上碑益《ひえき》（有益）アル絵画等ヲ与フルハ妨ナシ」（第七条）と気配りをしたのです。当日には、みかんや紅白の落ガンが配られたり、餅、まんじゅう、こんぶ、かち栗などが出されたので、富山県では「まんじゅうもらい」の日と呼んだ地方もありました。

（注）祭日について注記します。1873（明治6）年10月の太政官《だじょうかん》（今の内閣）布告によって定められた祭日は、元始祭（1月3日・天皇の位の始めを祝う日）、孝明天皇祭（1月30日・明治天皇の父親の命日）、神武天皇祭（4月3日・命日）、神嘗祭《かんなめさい》（10月17日・新穀を伊勢神宮に納める日）、新嘗祭《にいなめさい》（11月23日・天皇が新穀を神々に納め、自らも食す日）の5つ。祝日は、新年宴会（1月5日）、紀元節（2月11日・神武天皇即位日）、天長節（11月3日・明治天皇誕生日）の3つでした。

あまり頻繁に儀式をおこなうのは効果がうすくなるので、文部省は1893年には規程を改訂し、学校儀式は1月1日、紀元節、天長節に限定し（これを三大節といいます）、他は各学校の任意としました。三大節は1927（昭和2）年に明治天皇の誕生日を明治節として追加しましたから、昭和期の天長節（4月29日）と合わせて四大節《しだいせつ》といわれました。

## 「起立、礼、着席」の起源と普及

話は前後しますが、上記のような儀式をおこなうことをすんなり受け入れ、混乱なく定着させていった素地はどこにあったのでしょうか。それは授業の前に「起立、礼、着席」のような団体行動をとる号礼で授業が始められたことと関係しているように思われます。

このような授業前のしぐさはいつから始まったのでしょうか。江戸時代の教育施設（私塾、寺子屋、藩校など）は和室で、数名のグループ学習はありましたが、多くは一つの机に一人が座る個別授業方式でした。したがって、明治になって学校制度が始まり、教室にも次第にイスと机が導入され、集団での一斉授業をおこなわなければならなくなったとき、子どもをどのように教室に入れ、筆記用具や書物をどう出し入れさせるかは、教師にとって大きな問題でした。

そのような教師のために出された本が筑摩県（現在の長野県南西部・岐阜県）師範学校の教員、飯田正宣・大田幹・高橋敬十郎編輯『上下小学授業法細記』（1874年9月刊）です。そこには、「授業時限十分前、受持教員、教場必用（ママ）の品を携え、生徒を扣席《こう》（控室）に至り……五分前に至り、教師先ず廊下に至り、生徒の鐘報に応じて、来るを待つべし。生徒をして、生徒の鐘報に応じ静立して、手を拱《きょう》（組む）せしむ、男子は手を後にし、女子は手を前にす……教師之を導き徐々教場に入らしむ、生徒順次各席に就き、持参の品を、文案（机）に納る、を待って、立礼をなさしむべし……本を出さしむる、一、二、三の令を以てすべし、……一

図2 『小学教師必携補遺』 1874(明治7)年発行

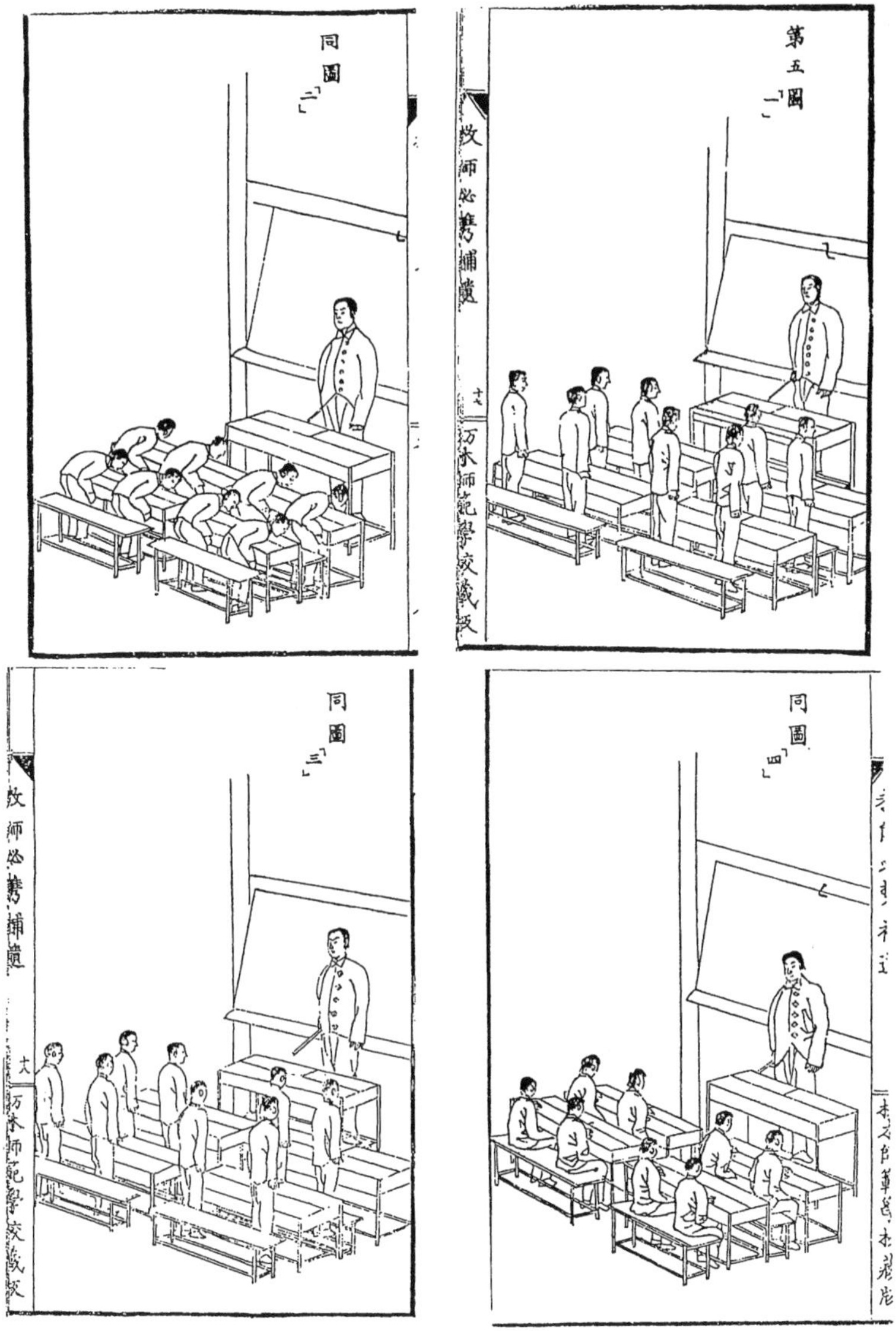

図3　小学校用教科書『読書入門』第三十五課
1886（明治19）年文部省編輯

第三十五課
コドモ ハ、ガクカウ ノ ニハ
ニテ、イマ サウレン ヲ ナス。
ガクモン ト ウンドウ トハ、
ダイジナ モノ ナリ。
コレ ヲ オコタル トキ ハ、
ヨイ ヒト ニ ナラレヌ モノ ナリ。

にて机の蓋を開き、二にて本を出し、三にて閉じしむ」（原文のカタカナをひらがなに改めた）と書かれています。

同年に栃木師範学校の教員・林多一郎も『小学教師必携補遺』を編述しています。この本は図2のように図解入りです。そこにも「就業時限の柝声《たくせい》（拍子木の音）を聞き教師直立し第五図の如く「立礼」と呼び、「一」の号礼にて各生徒を直立せしめ、「二」にて頚首《けいしゅ》し、「三」にて直立に復し、「四」にて凳《とう》（腰かけ）に着しむ」（原文のカタカナをひらがなに改めた）と記されています。

この頃は「一二三…」の号礼で始まったようです。この号礼がいつから「起立」「礼」「着席」となったのかを示す史料は発見できていませんが、１９０５（明治38）年に定められた東京・北豊島郡（現荒川区）瑞光尋常高等小学校の「校規」には、「各教授時間ノ始終ニ於テ立礼ヲ行ハシム其法」として、「教師ノ正面ニ立テルトキハ直ニ敬礼ヲナシ教師ノ答礼ヲ待チテ始メニハ着席セシメ終リニハ直立セシム」とありますから（『荒川区教育史　資料編Ⅰ』）、この頃には「起立」「礼」「着席」の作法が定着してきたことがうかがえます。

こうした作法は軍事訓練と関係していました。学制発布（１９７２年）の翌年には徴兵令が公布され、軍も軍事訓練の準備を学校に強く期待しました。図3は１８８６年に文部省が編輯した小学校用教科書『読書入門』第三十五課です。この頃小学校で操練《そうれん》（兵士を操縦、訓練すること）がおこなわれていることを示しています。歩兵操練をさらにすすめたのが兵式体操でした。

小学校令（１８８６年）に基づく「小学校規則」の改正で兵式体操が小学校に正式に導入され、兵式体操が各地に広がっていきました。このことが同じような授業前号礼を普及・定着させていき、学校で儀式がおこなわれるようになったときの訓練とつながっていきました。

## 2章 教育勅語体制はどんな犠牲を国民に強いたか

御真影と教育勅語謄本に対する扱い方は丁重をきわめました。御真影と教育勅語謄本を大事に扱うようにとの文部省からの最初の通知は1891（明治24）年11月17日の「文部省訓令第四号」です。

「管内学校へ下賜セラレタル　天皇陛下　皇后陛下ノ御影並ニ教育ニ関シ下シタタマヒタル勅語ノ謄本ハ校内一定ノ場所ヲ撰ヒ最モ尊重ニ奉置セシムヘシ」

しごく簡単な「訓令」ですが、「最モ尊重ニ」とのことばは千金の重みを持ちました。そして、御真影、教育勅語謄本の守護のためには生命をかけなければならないものであることが、次第に「不文律」となっていきました。御真影が学校にくるようになって、各学校では男子教職員が交代で宿直をすることが慣例となっていきます。

御真影・教育勅語謄本の扱いでそそうがあると、天皇・皇族の名誉や尊厳を害したとして刑法上の不敬罪（3か月以上5年以下の懲役）の対象となったことも教育関係者を震え上がらせました。不敬事件はおびただしい件数にのぼります。小股憲明元大阪女子大学教授の研究によれば明治期だけでも２２８件、大正期では２１１件の事例が起きています。

本章では、不敬事件については、末尾で静岡県と新潟県の事例の紹介にとどめ、文部省訓令を守ろうとして殉職した最初の事例、関東大震災で守護義務のために苦闘した神奈川県の校長、関東大震災のとき朝鮮人が攻撃してくるという虚偽情報のために御真影を守ろうとした東京の教員の話、明治期と大正末期、大洪水に襲われた栃木県、新潟県の学校でどういうことがあったかという事例などを紹介しましょう。

## 三陸大津波と最初の殉職者・栃内泰吉

１８９６（明治29）年6月15日、夜8時20分頃、三陸地方（青森・岩手・宮城県の太平洋沿岸地方）を大津波が襲いました。被害は、北は尻屋崎から南は牡鹿半島にいたる４００キロメートルにわたり、流出・全壊建物は９３００戸余り、死者は2万２０００人に達しました。２０１１年3月11日の東日本大震災の死者・不明者は1万９０００人ほどですから、明治の三陸大津波がどのくらい大きな津波であったかが想像できます。

この津波の悲劇のなかで、御真影のために殉職した教師が出ました。岩手県上閉伊《かみへい》郡箱崎小学校の栃内泰吉《とちないたいきち》校長兼訓導（正教員で現在の教諭のこと）です。

住人の中に津波に気付いた人がいました。気付いた住人は周りの人たちに、「津波がくるぞー」「津波だぞー」と告げてまわりました。栃内泰吉はこの叫びを聞いたにちがいありません。一家を外に出し、とりわけ老婆を早く避難させ、やおら学校に向かいました。御真影を取り出すためです。

箱崎小学校には、1893（明治26）年3月に御真影がきていました。彼はその御真影をひもで身にしばりつけ戸外に出ようとしたその時に、黒山のような大波にのみこまれました。気を失い、そのまま海岸に打ち上げられたようです。翌日、半身泥砂の中にうまり、息も絶え絶えのところを見まわっていた近所の住人に発見されました。教育勅語謄本は流されてしまいましたが、御真影は校長の体にしばりつけていたので、損傷を受けましたが無事でした。彼を発見した近所の住人が、御真影をはずし校長を背負おうとすると、泰吉は「この御真影はお前達に持たすべき品ではない」と言ったそうです。栃内泰吉は、介護のかいもなく、17日の夕刻に息をひきとりました。53歳でした。

栃内泰吉の殉職は東京の新聞でも報じられ、反響がありました。多くは彼の死を賛美しましたが、そのなかでただひとつ徳富蘇峰が主宰した「国民之友」は、この死に方には賛成できない、御真影は尊いけれども、人命はさらに尊い、「死んで御真影に殉ずるのと、生きて臣民の義務を全うするのを天皇はどちらを喜ぶだろうか。男児容易に死すべからず」という論陣をはり、やはり徳富蘇峰が出していた「国民新聞」では投書で「御真影は再製し五製し十製すべし、人の生命は再製すべからず」というものを載せました。

こうした論調や投稿に各方面から非難がわきあがりました。「国民新聞」の論は、御真影をもって一枚の写真にすぎないとみている、国民が天皇陛下を敬慕する気持ちは強く、自分の命との軽重は問題にならない。日清戦争に勝てたのは自分の命をかえりみず忠義を尽くしたからである、などとの声です。「国民新聞」の意見は袋叩きのようになってしまいました。御真影に殉ずることを美化する思想に日本が支配されるようになったのです。


栃内泰吉の死後11年目の1907（明治40）年1月24日、午前1時過ぎ、仙台第一中学校（現・仙台一高）が火事になり、宿直であった大友元吉書記（事務員・51歳）が殉職しました。御真影を取り出そうとして逃げ遅れたためだといいます。御真影に殉じた第二号です。

大友元吉の死が報じられるや、県内の小学校はもとより、東京帝国大学の学生、大連の歩兵にいたるまで、連日のように弔慰金が送られてきました。翌年12月末までのその合計は3494円2銭1厘に達したほどです。その頃のもりそばが1杯3銭（0・03円）ですから、現在の金額で言えば7000万円くらいでしょう。

それくらい大きな反響があった事件ですが、地元の「河北新報」は一つの論陣を張りました。1月26日の社説「御真影と人命」です。このタイトルや冒頭の一節、「祝融氏《しゅくゆうし》（火災のこと）一夜其の威を逞《たくま》しうして仙台第一中学校々舎烏有《うゆう》に帰し（丸焼けになり）、一職員之《これ》に殉死す、校舎の焼けたるは惜しむべしと雖《いえど》も、校舎は幾度も之を再築することを得。唯夫《そ》れ人生に、復《ふたた》びすべからず、之を此の災禍に殉死せしめたるを特に痛悼すべきなり」からもわかるように、御真影と人命を比較し、人命の尊重を説いたものです。

ところが、3か所、125字分が伏せ字（カット）とされてしまいます。伏せ字とされた部分は、栃内泰吉の殉職に際して「国民新聞」などで展開された、殉職に批判的な主張です。袋叩きにはなりましたが、まだ表明できていた日清戦争直後の御真影のための殉職批判が日露戦争後にはもう公言できなくなっていたのです。

## 関東大震災と御真影

### ① 神奈川県真鶴小学校校長の奮闘

1923（大正12）年9月1日、マグニチュード7・9という巨大な地震が関東地方を襲いました。震源地は相模湾。神奈川県小田原付近は最も揺れの激しい所でした。神奈川県南西の足柄下郡では1万5386戸中1万2837戸が全壊しました。

この地震で関東地方では41名の教師が殉職しています。神奈川県27名、東京府13名、千葉県1名。神奈川・千葉県では倒壊した校舎の下敷となって死亡していますが、東京では火災からの避難中の焼死です。東京の13名のうち8名までが「御真影を守護」したり「御真影奉遷ノタメ奮闘中」の死でした。
この地震のとき、神奈川県足柄下郡真鶴《まなづる》尋常高等小学校では4名の教師が殉職しました。校舎が倒壊して下敷になったのです。同校の岡田英治校長は校舎の下敷になりながらも、辛くも這い出し、九死に一生を得て生還しました。その脱出の模様も貴重な記録ですが、紙幅の都合でその部分は割愛し、脱出後、猛火のなか、御真影を取り出す場面を紹介します。岡田校長と親交のあった方が、岡田校長の死後、校長から聞き取っていた話をまとめて追悼文集に載せたものです。

「何分何秒かの後我にかへってから、まだ自分には大切な仕事があるのを思ひつかれた、あゝ御真影！と云ふ想ひは電光の如く先生の脳裏に閃《ひらめ》いた、この位のことで正気を失ってはだめだと叫んで、漸《ようや》く起ち上って、小使い室の後をまはって、御真影奉安所の倒壊した方面を見きはめられたのである、猛火は既に二階の全部と使丁室にうつり、盛んに燃えてゐた、奉安所は二階の廊下の北側にあったので、倒潰と同時に何所《どこ》の方面にとんだのであるか落ち重った瓦の下で殆ど見当がつかない、先生は漸くのことで此の辺だと見当をつけて、重なりあった瓦を一枚一枚とりかたつけて御真影をさがし奉ったが、容易に其の御行方が知れない、指尖は破れ血潮は流れた、恰《あたか》もよしそこに落ちていた六尺余の木材があったので、手当たり次第に此所《ここ》ぞと思ふ所をかきまはした所が、あゝ天なるかな、御真影を奉安せる檜の箱が見えたので狂喜して火中より移し奉り、更に明治天皇の御真影を奉安せる檜の箱を見出して移し奉った。

更に御勅語をと思ってそこら近辺をさがしたが、時既に猛火の囲む所となり、最早如何ともなし難くなったので、やむなく血潮に染る手に両陛下の御真影を奉戴して、崩壊したとは云ふもの丶四五間高い石垣よりすべり落ち、数十間はなれた畑の中にあった桃の木の下に、御真影を背負ふたま丶再び人事不省に陥ったのである、それから教へ子青木市左衛門氏に助けられ、校庭に数畳の畳を敷き木片を積み、障子を廻らして、仮奉安所を設けて奉安したのである。時は午後三時頃でもあったらう」

## ② 関東大震災時の流言蜚語「不逞鮮人襲来」と御真影

関東大震災のときには、「不逞《ふてい》鮮人襲来」のニセ情報によって、6000人もの在日朝鮮人が虐殺されたといわれていますが、「不逞鮮人襲来」のニセ情報に躍らされた学校では、御真影を守るために苦闘しなければなりませんでした。次はそのもようを伝える手記で、東京・目黒区の碑《いしぶみ》小学校の『碑小学校85年史』に「関東大震災の思い出」として、当時の訓導の財前豊氏が記したものです（長文にわたるので部分的に省略し、表記も部分的に現代風に改めました）。

財前先生は9月1日、余震が続くので蚊帳《かや》を張って校庭に泊まりました。翌2日の午前9時頃のことです。

「学校前の道路はぞろぞろ引きつづいて、老若男女の群れが歩いていた。多分彼等は余震を恐れて避難する人たちであろう。その中の一人は言うには、「神奈川から東京方面に（朝鮮人）

韓国人が三〇〇人ぐらい一団となり、日本人と見ると片端から殺して都心へと進行しつつある」とのこと、しかも井戸には毒薬を投入して再び使いものにならないように進行しつつあると聞かされた。

やがて宇田川先生（校長）は「財前君、君はただちに村役場に行って御真影を奉持して来い」との命令を受けた。万一の場合は埋めて守れとの底意と読んだ。

学校には、奉安殿がまだなく御真影は村役場の金庫に奉安してあったのだ。当時、奉遷は校長または教頭が護衛つきで行なっていたころであったので、単に一介の平教員がその任を果す、しかもこの僕がと思うと感極って涙がこみあげた。

「はっ、行って参ります」。自転車を死にもの狂いで踏んだ、踏んだ。ペダルも折れよとばかりに飛ばした。（中略）やがて村役場に到着して助役さんから絹布に包まれた御真影を奉受した。とっさのことだったので、大風呂敷を持参することに気がつかなかった。急いでいるので仕方なく荷台にくくりつけて一散に柿の木坂を走らせた。

当時は坂の両側は杉の大木が鬱蒼《うっそう》としていて、昼でも日光を遮って薄暗い悪路であった。自動車はまれに通るだけで牛車《ぎっしゃ》、馬車が専門に往復していた。従って道路は牛馬の糞が到るところに転っている。

夢中で走らせているうちにいつしか荷台のひもが解けて御真影の箱が落下した。しかも、真新しい牛糞の上に｜。絹布は糞だらけ。私は恐懼《きょうく》おくところを知らず、真青になって着ていた洋服ですばやく拭い奉った。間もなく帰り着き校長住宅に安置したのである。

もうその頃は道路を通る人はほとんどなく、時折り自転車が矢のように行き過ぎる。折しも通りかかった五、六人連れの人に不逞鮮人のことを聞いてみたら、総数約三〇〇〇人が多摩川を渡ったとのことだ。先の三〇〇人が今度は三〇〇〇人に膨れ上がった。「どうもこいつはおかしいわい」と思っているうちに砂塵を巻き上げて騎兵が一個中隊ばかり通り過ぎた。「財前君、僕はこれから多摩川方面に偵察に行ってくるから、君は御真影を守っていてくれ」と宇田川先生は五分刈り頭に手拭をきりりと締め、腰に伝家の貞光の名刀をぶち込んで自転車でサッソウと出かけられた。（中略）

まてよ、相手は三〇〇〇人だ。こりゃーとても生きては行けない。縁の下から鍬を持ち出し住宅裏の植木の根方を三尺ばかり掘り下げた。その中に御真影を埋めて土をかぶせ、恐れ多いことであるが心でお詫び申し上げながらしっかりと踏み固めた、そして樹下に散っている枯葉をばらまいて完全にカモフラージュした。

縁に腰かけて一服しながらあたりの様子を窺った。村人はほとんど世田谷の練兵場へ避難していて村には猫の子一匹もいない。時々思い出したように半鐘が鳴る。しかも連打だ。鳴り終わると同時に、「わあーッ。わあーッ」と大勢の声が聞こえる。

それがとだえるとあたりはしーんとして耳に入るのは松の木に当る風の音。今度は「パーン、パーン」と猟銃の音がまじる。またしーんとなる。あの喚声は、あの音は、いずれも怪しい者を発見した時に起こっているのだ。

「いよいよ来るべきものがやって来たな」と感じた。何しろ相手は多勢だ。――九州くんだりから、はるばるやって来てここで犬死にしたくないと思ったとたん、樹木の繁み中にもぐり込んだ。小刀の鯉口をきって（中学時代剣道部に席をおいて相当鍛練はしたが）五人位なら切り捨てる覚えはあるが、ともあれ、これが最後になるかもしれない。繁みの中で掌を合わせて遥か西の空を伏し拝み、両親に別れを告げた。何としても死にたくはない、校長先生には済まないが住宅が荒らされても仕方がない。もし鮮人がばらまいた枯葉を蹴散らして真新しい土を発見し不思議に思って行動にかかったら飛び出して死守しよう。

あたりは不気味に静まり返っている。その時間の長かったこと、やがて「オーイ財前君」校長先生だ。実に嬉しかった。飛び上がって喜んだ。「僕は多摩川の土手まで行ったが、不逞鮮人の襲来はみんなデマで、土手で出合った荏原の鏑木小平次在郷軍人会会長（後に市議）と手分けして、それぞれ帰る途中に要所要所に物々しい形相で屯していた在郷軍人団に解散と伝えてきた」とのことで全くほっとした。東京、横浜は未だ燃えつづけている。私は御真影の処置について報告したら、大変賞めて下さった。早速掘り出して丁寧に清めて床の間に安置した。

しかし、社会は騒然としていて、政府は三日戒厳令を布告した。学校の付近は歩哨が立っていた。村では自警団が結成されそして各自公然と槍や刀を持って日夜警戒に当たった」

## ③御真影を焼失させた校長は──美談の醸成

関東大震災のとき、御真影を守りぬいた教員の例を紹介しましたが、焼失させた学校もあります。神奈川県の酒匂《さかわ》尋常高等小学校です。そのようなときはどうしたのでしょうか。

『教育塔誌』（帝国教育会編纂・発行、1937年10月）では、関東大震災のときに死んだ杉坂タキという女教師のことについて次のように書かれています。

「神奈川県足柄下郡酒匂尋常高等小学校訓導　明治33年3月13日生まれ。

大震災ニ際シ日直トシテ勤務中大震ニ遭ヒ御真影奉安所前ニテ「御真影御真影」ト叫ビツ一死以《もっ》テ奉護シ猛火ニ包マレテ殉職ス」

酒匂尋常高等小学校は現在の小田原市立酒匂小学校です。『教育塔誌』にある杉坂タキの死のようすについては不明な点があります。御真影は無事だったのか、火の中に飛び込んだのか、それとも火に囲まれて逃げ場を失ったのか、文面からでは御真影を抱いていたので、自分は死んだけれども御真影は無事だったとも読めます。

いくつかの疑問がありながら、『教育塔誌』のなかにこの記述を見つけた時は感嘆しました。そして明治33（1900）年3月生まれは、関東大震災当時は23歳だと知ってもっと驚きました。23歳の女性がこんな行動や死に方ができるのでしょうか。

私は1972年頃から、現地や学校に残っている史料、まだ生存していた当時の同僚などから、聞き取り調査を始めました。その結果、杉坂タキの死は御真影とは全く関係なく、タキは震災のとき校舎外に出ようとして、職員室を出て、出口に向かったとき二階が落下、職員室隣の小使い室前の廊下で亡くなっていたことがわかりました。

タキと御真影を結びつけたのは、当時の戸田忠利校長でした。戸田校長は『大正十二年九月日誌』に「杉坂訓導ハ当直当番ニテ御影ヲ焼失シ奉リシ位置ニ焼死セリ」と記し、9月2日のところには「本日午前七時山崎視学巡視　杉坂訓導ノ死ハ　御影ヲ御避難申上グル為ノ死ナルコトヲ承認ス」と視学のお墨付きをもらったことも書いています。郡視学は郡長の命をうけて学校の教育事務を監督し、校長の処分はもとより教員人事の実質的な権限を握っていました。

校長にとって、視学の「確認」でなくても「承認」があればよかったのです。戸田校長は〝部下〟に御真影を護ろうとして死んだ教員がいれば、御真影焼失の責任が少しは軽くなると意識したでしょうし、死んだ教員にとっても〝名誉〟となるという善意からの行為でしょう。しかし、こうした「美談」によって、教師や国民は御真影守護の任務の重さを背負いこむことになっていくのです（杉坂タキの殉職については詳しくは岩本著『「御真影」に殉じた教師たち』（大月書店、1989年）や『13歳からの教育勅語』（かもがわ出版、2018年）を参照してください）。

## 大洪水と御真影

2018年は日本列島を地震、台風、洪水がたくさん襲いました。現在でも、そうした災害が国民に非常な艱難辛苦をなめさせることは、記憶に新しいことでしょう。教育勅語体制下ではそのうえに御真影、勅語謄本の守護義務が重くのしかかりました。その例として、明治期の栃木県足尾町の人見七之助校長の殉職と大正末期の新潟県栃尾地方のもようを紹介します。

## ①栃木県足尾町の人見七之助校長の殉職

1902（明治35）年9月28日、栃木県地方を大暴風が襲いました。県の中央部を南北に通過したため県下に未曽有の被害をもたらしました。学校関係だけでも全潰したのは118校、205棟、半潰棟数は43棟。『栃木県教育史第三巻』（栃木県連合教育会発行、1957年）は次のように伝えています。

「小学校の被害のうち、もっとも悲惨をきわめたのは日光小学校中宮祠《ちゅうぐうし》分教場の崩壊であった。同分教場は現在の二荒山神社のすこし西にあたり、湖畔道路にそって山手に建った教室一つに主任教師の住宅を附設した小さな校舎であった。九月二十八日のこの地方は暴風はあまり強くなかったが、二十日間も降りつづけていた雨はまだ止まなかった。

午前十時頃一大音響とともに分教場ま上の男体山上から土砂の崩壊がはじまり、またたくまに校舎を押し流して、住宅にいた分教場主任の加藤嘉藤次および妻、娘の三人をともに湖底深く没しさったのである。音響を聞いて雨中の戸外にとびだした人々は、校舎の姿のなくなったのに気がついてただ唖然としたとのことである。その後、校舎の破片も、遺骸も、遺品も何一つとして浮び出るものはなかった」

この大暴風の際、上都賀郡足尾町立神子内小学校の校長・人見七之助が殉職しています。勅語謄本を取りにいって洪水に巻き込まれての殉職といわれています。『栃木県教育史第三巻』は前記に続けて次のように伝えています。

「足尾町神子内小学校教員、人見七之助もこの暴風雨に際して殉職した。前々から降りつづいた雨のうえに九月二十八日は非常な豪雨であったので、神子内川は大洪水となり近隣にはんらんした。学校も危機に瀕したので、学校内に住んでいた人見教員はその妻と子を安全な民家に避難させ、人々の制止をおしきってふたたび学校にもどった。たぶん勅語謄本をとりだすためだったろうといわれている。

すでに学校は水に包囲されていたので、濁流にとびこんでいった。ちょうどその時校舎が倒壊したので大渦の中にその姿は没した。時を移さず人々は全力をあげて捜索したがついにわからなかった。月余ののち（1か月余り後）足利方面の渡良瀬川でその遺体が発見された」

**② 遠山運平『御真影流失始末謹記』**

1926（大正15）年7月27日夜から新潟県古志郡栃尾地方を集中豪雨が襲いました。28日午前7時頃までは、栃尾の中心部をはさむように流れる刈谷田、西谷川とも大した変わりもなかったのですが、午前8時頃から急激に増水し、あれよあれよという間に町の中心部を泥の海と化しました。刈谷田、西谷川の三角州の中に建てられていた栃尾小学校も増水に襲われ、なかでも、三角州の突端に建造されていた奉安殿はたちまち危機に陥ります。

当時、同校の校長であった遠山運平は、その時の状況を『御真影流失始末謹記』に残しています。約７０００字もある長文です。記録性も高く、文学作品としてもすぐれた記録と思われますが、部分的に割愛しながら紹介します。

『御真影流失始末謹記　御真影並ニ勅語謄本等流失始末書』新潟県古志郡栃尾尋常高等小学校長兼栃尾実科高等女学校長遠山運平（全文は漢字とカタカナで書かれていますが、カタカナはひらがなに、句読点を付し、旧字は新字に改めました）

「一、暁来の出水状況　　大正十五年七月二十八日夜半より大雨の屋根打つ音聴ゆ、午前五時より同六時まで当校に併設せる栃尾青年訓練所に於て時間割通り教練を行ひたれど、平日出席者約八十名の所当日は降雨甚しき為五十余名に過ぎず教練終了後指導員と各種打合せを為して校舎脇なる校長住宅に帰りしは六時半を過ぎし頃なりき、此時大布川（西谷川とも称す）水量特に増加し有りたれど、住宅脇を流る丶刈谷田川は未だ大布川ほど出水せず、是れ程の出水は年中に十回位見受くる所なり」

午前7時20分頃、町の大工2人がきて、大布川（西谷川）、刈谷田川とも大水で橋梁が危険だと告げます。

「今や安全なるは大橋（大布川に架す）と金沢橋（刈谷田川に架す）とあるのみ」

「二、児童帰宅（筆者：この項は、7時半頃より、登校してきていた児童を遠山校長が帰宅させた報告ですが、略します）

三、職員の行動　　小職再び備橋に至る水量増し、道路欠壊（ママ）箇所増大す。直ちに職員室に引返して、学校は床高ければ万々浸水の憂無し（奉安庫は尚更安全と思料す）、町内に依りては職員の自宅浸水するやも知れず、心配ある職員は帰宅せられ度し、学校の防備は居残る職員にて引受くる旨を陳べ、一部は急ぎ帰途につき、居残れるは全部軽装す（小職は洋服を脱し、猿又一つ、裸体と成り居たり、水中に立ち、猛雨に打たれ寒さに堪えずして、後に、襯衣《しんい》（はだぎ、シャツ）を着す、それさえ水中雨中にて全く濡れ、奉安庫流失、防備終了、万事休するに至り部下のなさけに依り、誰やらの襯衣《しんい》と着替えたり、他職員の服装略々《ほぼ》此くの如し。（中略）

四、奉安庫の位置、構造　　当校御真影奉安庫は大正十三年県の認可を得て新しく建立せるものにして、位置は校舎裏なる屋外運動場の北方、三角州と称せし地点の略々中央にあり、北棟本校舎より凡そ三十四五間位を離つ、奉安庫の前方は屋外運動場と境するに、巾一間位の堀川を以ってし、土橋二箇所を以て運動場と連絡す。三角州は凡て奉安庫の境内にして、松、梅、桜、アカシア等四十本位を植えて、日陰を作り児童の運動後の休憩、林間教授等に使用することとし刈谷田、大布の両川に劃らるるを以て、風致に富めり。

奉安庫は鉄筋コンクリート建にして、平地下、六尺より鉄筋コンクリート固めと為したるものの由、堅牢と荘厳とを兼ねたるものなり、平地上に地盛をなせること三尺、其上なる石垣の高さ亦略三尺、其上が即ち外面に顕われ居る建物なり。庫中には檜欅《ひのきけやき》の材を以て造れる御厨子を置き、其内部に御真影を奉安す、御厨子の脚の高さ二尺程あり、平地より御真影に達する迄の高さは彼是れ八九尺位有しなり、当町当局にては建立に際し火災の憂い無くして水難につきては過去数十年間の経験に鑑み決して浸水の憂なき高さと為し又倒潰等の憂無き様地下数尺より基礎工事を施せる者なれば今回の洪水が、よしや二尺三尺溢れしとて決して案ずるに足らずと小職始め多数の職員斉《ひと》しく信じ居たり。

五、急遽大増水　校地一帯に刈谷田方面の水押寄せ初むるや十五名の職員全部の中、女教員に職員室なる重要書類、本箱、書籍棚の下段のものを先ず机上に上ぐるを命じ使丁は使丁室宿直室の畳等を取片付け初めたり。

此の時万一を慮れる小職以下男職員の多数は奉安庫に至らんとして東体操場より屋外への出口に集まる。奉安庫の鍵は最も水泳に長ずる結城訓導のパンツの紐に結び付け、小職、和田清、和田秀、結城、其他二三名、屋外への出口石段に出ずると雖《いえど》も、頻りに層を成して氾濫する濁流、急奔、狂騰して校長住宅裏より、治療室裏を指し、斜めに掠《かす》めて大布川の溢水に激す。

水泳に対して自信を有する結城、和田清を始め、或は軒下に立ち石段に立てりと雖も、一歩後庭に躍り込まんか忽ち激流のさらふ所とならんのみ、見る間に奉安庫の石垣半に達せし水は忽ち石垣を没し、石垣を没したる水は忽ち亦御扉の中央に達せんとす。何時か屋内床上に突入せし水は二尺に近き水量を以て後口より、吾等を激浪中に奪い去らんとす。軒端にも出口にも立つ能はず、歩す能はず、泳ぐ能はざる吾等一同は余りに急激なる洪水の威力の前に今や全く為す可き無く、空しく出口脇なる廊下に並び立ち、膨湃海の如き濁水の真つ只中に山なす怒濤を擘《つんざ》きて屹立する奉安庫の尊厳さよ。

希くば御無事に在はし給へと、祈願、謝罪、恐懼《きょうく》……胸にこみ上ぐる万感を抑へて一同合掌し、止め度も無く、拝みまつるのみ。

六、奉安庫倒潰流失　　濁流の方向は奉安庫を全く河の中心となせり。木材、家屋、青葉のまゝの樹木等逆巻く怒濤に翻弄せられ来りて川緑に植えある一列二十余本の樹木を道連れとなし、奉安庫の周囲なる三十余本の樹木さへ、今は一本の激浪を遮る物さえ無し。軈《やが》て巨大なる葉づきのまゝの流木の突き当るに逢ひて、傾斜したる奉安庫は、掘れしにや御屋根を東北に向けて遂に痛ましくも影を水中に没し去る。一同悲痛言語に絶す。小職急ぎ小使室に近つき、時計を見て叫ぶ、記せよ、「九時五分奉安庫流失」と。

女教員も男教員も全部濁水横行の廊下に佇《たたず》みて、声涙共に感慨に咽《むせ》ぶあり、呆然として滔々《とうとう》たる悪魔の氾濫に眼を奪はるゝあり。而《しこう》して何れも魂の脱け殻なり。

在はす可き所におわすもの無き淋しさよ、吾等が命を以て護り奉るべき、尊き御宝を失へる力無さよ。

人力及ばずして天命に委《まか》す、心中安きを得べきか、あはれ余りにも勿体無き事を仕出来したり。小職何を以て至尊に対し奉るべき、又何を以て教へ子に対し、世間に対すべき、生を思ひ死を思ひ、一転して善後の処置を思ふ。

雨何時しか小止みして濁流徒に浩蕩《こうとう》たり。

奉安庫の御屋根、転覆後、十余分を離て、再び水上に一角を顕はす。希くば倒れたるま丶崩れずにあれかしと念じつつ男職員多数相集り、舟縄を用意し、皆相連らなり、稍々《やや》減水するを待ちて奉安庫に至らんと今は一縷の希望に力を得て気を揉《も》み居たりしも仇、木材、立木等の搏《う》つに任せば、再び全く姿を失ふ。小職等空しく失望困惑するのみ亦為す可き無し」（後略）

この後、『謹記』は、「七、小職代理者出県、八、御真影其他奉索一（二十八日）、九、奉索二（二十九日）、十、奉索三（三十日）、一一、奉索四（三十一日）、一二、奉遷、一三、奉索五（二日以後）」と続きます。

校長はじめ職員一同必死の捜索の結果、29日には下塩谷村で教育勅語謄本を発見、30日には見附町見附物産㈱の物干場で同社の従業員が昭憲皇太后（明治天皇の皇后）の御真影を見つけ、31日には南蒲原郡庄川地内で戊申詔書を、葛巻村大字六本木で明治天皇御真影を発見しました。しかし、大正天皇と皇后の御真影が見つからないので、職員が手分けして奉索隊をつくり、8月9日より信濃川西岸村落を調査し、3日をかけて新潟市に至りました。

「至ル所、巡査駐在所、学校、渡船場等ニ依頼シ、又学校長ヨリ沿岸各岸各町村長役場学校等ニ依頼条ヲ出ス等、本日（九日）マデ全力ヲ尽シタレドモ今上両陛下ノ御真影ノミ未ダ発見シ奉ラズ」（『栃尾市史・史料集〈第十五集〉』）。結局、ついに発見することができませんでした。

校長および職員一同は県に進退伺を出しましたが、12月に県知事から「職員一同は其儀に及ばず」、校長に対しては「今回は不可抗力……将来は常に細心の注意を払ひ、特に飛常時（ママ）に際しては奉護上遺憾なきを期す様充分の注意をすべし…」という誡告がきただけでした（「北越新報」1926年12月13日、『栃尾市史中巻』1979年）。

この水害で栃尾町の1544戸のうち、流失59戸、全壊27戸、半壊239戸、埋没12戸、床上浸水917戸、床下浸水142戸、被害を受けなかった家は148戸（9・6％）。死亡47名、行方不明10名、この中に栃尾小学校の児童、生徒6名（1年生1、3年生2、6年生1、高等科1年生1、栃尾実科高等女学校1年生1）が含まれています。

## 不可抗力の事件

以上は、大災害のときの校長、教職員の様子ですが、以下の2例はいつでもどこでも起こりそうな例です。現在では不問に付されるでしょうが、教育勅語体制下では許されませんでした。

### ①明治節祝賀式中に御真影が落下

1935（昭和10）年11月3日、静岡県磐田郡敷地村（現豊岡村）の敷地尋常高等小学校で午前9時15分から「明治節」を挙行。その「式半ニ於イテ俄然不敬ニ亘ル事生ジ、恐懼《きょうく》ニ不堪《たえず》。謹慎ス」（『学校日誌』）。掲げてあった御真影が落下したのである。校長は２か月間月俸４分の１の減俸処分。以下、訓導３名が譴責《けんせき》、他の訓導３名、準訓導１名、代用教員１名の計５名が謹慎処分を受けました（小池善之「『御真影』をめぐって―旧敷地村を例にして―」静岡県近代史研究会『会報』１９９２年5月10日号）。

## ②式中、教育勅語謄本を運ぶ途中落として処分、満州へ

新潟県高等学校退職者の会・新潟県高等学校教職員組合編『教育の墓標―戦前・戦中教育と私』（１９８９年）には、元両津高校教諭・小田忠雄の回想「少年時代の教育体験―『いけにえ』」が掲載されています。60歳のときの回想です。

「一九三八年尋常小学四年の天長節（四月二九日）のことだった。この前年の七月七日は、盧溝橋で日中戦争が始まり、「大日本帝国万歳」が私たちの日常生活にも起こりだしていた。この日、厳粛な雰囲気に日ごろ腕白小僧も、息をころして式典に臨んだ。佐渡の国仲の小さな村の第二尋常小学校で、同級生も男女三八名の小さな学校であるが、この時ばかりは、村長や村の有力者が羽織袴《はかま》で、威儀を正して参列していた。式次第も進行して、いよいよクラス担任の信田《のぶた》先生が、白い手袋の両手で教育勅語を捧持《ほうじ》して前に進んで、学校長のいる壇上に上がろうとした途端、足を滑らせて瞬時に勅語を落としてしまった。…

校長に叱られ、「教務室に立たされているのを見に行かんかっちゃあ！」と悪童どもにうわ

させられてから三か月後、「勅語」を落としたのが原因で、学校を辞めさせられ、満州（中国の東北地方）に渡るのだという評判が立ち、その辞任式のあと、私たちまで何か悪い事でもしでかしたような、罰の悪いそんな思いで、同級生一同先生を校門まで送った。

夜、学校の体育館で、巡回の宣伝映画の中で、日中戦争や満蒙開拓団のニュースを部落の親たちと見るたびに、いつも先生のことが同級生の話題になった。そして戦争が拡大するにつれて、牡丹江で料理店をしているとか、広大な農地の所有者になったとか、…と美化された景気の良い話が多くなった。

敗戦から二年後のお盆に、第一回目の小学校の同級会を、母校の教室を借りてやっと開催することになった。その頃、信田先生が無事に大陸から帰国して、村でひっそり暮らしていると聞いたので、招待しようということになった。幹事が事前に連絡にうかがうと、白髪まじりの先生は、涙を浮かべて大変喜んでくれたが、出席については、老醜を見せたくないと言って断わられた。「君たちにも随分迷惑をかけたなあ！　顔向け出来ないな。無事に帰れたのがなによりだと思っている。皆によろしく言ってくれ」という伝言だった」

国仲の小さな村の第二尋常小学校は現在佐渡郡畑野町立後山《うしろやま》小学校。小学校から岩本宛の連絡によると、信田先生の名は貫一。生年月日は1901（明治34）年1月20日。没年は不詳。同校に勤務は昭和7年3月31日～昭和14年1月31日だそうです。

# 3章　修身教育の行きつくところ
## ——川井訓導事件

### 川井訓導事件

1924（大正13）年9月5日、川井清一郎訓導が勤める長野県松本女子師範附属小学校で、視学などの視察授業がありました。これは、この月に県が「臨時視学委員」に任命した樋口長市（東京高等師範学校教授）と長田新《おさだあらた》（広島高等師範学校教授）の二人に県内を視察させた一環でした。樋口は中南部、長田は東北部の小学校を視察しました。長田は「信州教育界には他県の追随を許さぬ独特の強みがある」と褒め、なかんずく長野師範附属小学校の教育については「世界にも類が少なからう」と絶賛しました（「東京朝日新聞」長野県版1924年9月9日）。

これに反して、樋口の視察は各地で物議をかもしました。当時、信州では大正デモクラシーの影響を受けた「白樺派」などの教員が多数存在しましたが、樋口はそうした教員を弾圧するために乗り込んで来たという態度を露骨に出したからです。

9月5日当日は、樋口が郷里（長野県南安曇郡梓村）に帰っていて遅れて来るために、第1時限に予定されていた川井訓導の修身の授業は第4時限にさしかえられました。ここにも当時の授業の中で最も中心的な教科目であった修身の授業を批判することでやりこめようという意図が感じられます。

第4時限、川井訓導は森鴎外作『護持院《ごじいん》ケ原の敵討《かたきうち》』を教材に使って話をしました。その授業を、樋口ほか県学務課長・畑山四男美、県視学・道田間平、近在の教師など40～50人が視察にきていました。多数の参観人が見ているので、子どもたちも緊張し、川井訓導自身も硬くなっていたのでしょう、予定の時間を10分も余して終わってしまいました。

川井訓導

「それでは今日のお話はこれだけにしておこう」と川井訓導がいうと、畑山学務課長が、つかつかと前方に進んできました。教壇のところまでくると、課長はくるりと廻って児童の方を向きます。川井訓導は「これから参観人に今日の批評会の注意をするのだな」と思いました。ところが、課長は「修身の本を持っているものは手をあげよ」と言います。その趣旨を理解することができず、躊躇する児童もいました。手をあげた児童は少数でした。

課長は「どうして修身書をやらぬか?」と、児童の面前で川井訓導を詰問しました。このとき、「ちょっと、しばらく、そのことはあちらで」と、附属小学校の池原茂三主事が声をかけ、公開授業は終わりました。

議論は午後の講評会に持ち込まれました。講評は川井訓導以外の授業についてもおこなわれましたが、中心は川井訓導の修身科でした。川井訓導と樋口長市視学委員との間に次のような問答がありました。

「視学委員　…国定教科書を使わないでああいう材料をどうして使ったか（川井はその時はまだ答えなかった)。どうして一学期扱わなかったか。

川井　自分は自信の持てるだけの準備がついていないからです。

視学委員　自分の自信か?

川井　そうであります。

視学委員　二学期になれば調べがつくか。一体どこまで調べたか。

川井　そういう調べ方を申すのではありません。徳目の心持を通して…。

視学委員　詭弁はよしたまえ、やらぬならやらぬと正直に言い給え。……」

他の教員から反論されると、樋口は「僕は一体信州に来るに就ては喧嘩をする積りで来た。君等が理想主義で出れば自然主義で、自然主義で出れば他の主義でぶつかる積りで来た」と開き直りました。（注1）

翌6日には県知事梅谷光貞が来校し、校長に川井訓導の始末書を要求して帰りました。川井訓導は主席訓導の伝田精爾と相談し、「第一学期修身書ヲ使用ニ及バズ尚大正十三年九月五日尋常科第四学年第四時修身教授ノ際修身書以外ノ教材森林太郎作護持院《ごじいん》ケ原ノ敵討《かたきうち》ニツキ説話シ候事之相違無候也」と清書しました。（注2）

始末書は提出しましたが、川井訓導にとってはどの点が不始末なのかもわからない不本意なものでした。なぜなら、彼には修身教授について「平生懐抱してゐた」理論があったからです。

「修身教材は児童の魂を呼びさます糧である。本来児童の魂に内在する善の要求、正の当為はこの具体的な材料によって覚醒して来る。……従って児童に与へられる教材は一面には彼等の心意の発達特に道徳意識の発達に応ずるものであると共に、他の一面には教師自身の感動あるものでなくてはならぬ。……尋四特に私の教へる彼等の状態は無邪気な空想の世界から漸く道徳の世界が独立せんとして尚独立し得ない未分状態にある。……自由の天地に逍遥しつつある彼等は、教訓せられると感ぜられる話よりも、お話の中に児童自ら〝教訓〟を感ずる如きものに多大の感動を持つ。彼等は教訓を教訓として求める域には未だ達してゐい（ママ）。……なるほど修身書の示す趣旨は勅語の聖旨に基づく恒久不変の我が国民道徳で、その趣旨に何等異論のある筈はないけれども、児童の魂を啓発すべき例話として果して表現方法に遺漏がなきものであらうか。……」

このようにして、彼は修身書の改訂について2つの希望を述べます。第1は内容をもっと豊富にすること、第2は少なくとも4学年までは人物または事件中心に構成すること。

この確信から、彼は1学期間、つぎの教材を取り扱い、「其上に教科書の使用に及び」たいと考えていたと述べます。

偉人の幼年時代中より

「豊富（ママ）秀吉」「渡辺華（ママ）山」「乃木大将」

旧訳コドモ聖書中より

「世の始」「カイント（ママ）アベル」「大洪水」「ヤコブの旅」

日本童話宝玉集中より

「山椒大夫」「平忠盛」「有王」「平重盛」

幼きもの中より

「良心の目ざめ」「忠実なる水夫」

幼ものがたり中より

「林檎」「幸福」
十訓抄中より
「諸事に堪忍スベキコト」
天保物語中より
「護持院ケ原敵討」（注2と同じ）

この事件を地元の「信濃毎日新聞」（9月7日）は「参観中の畑山課長、生徒の面前で教師を詰問す」と県当局を批判的に伝えましたが、「東京朝日新聞」（信濃版9月11日）は「教科書を無視して、学務課長に免責さる」と見出しをつけ、「県は飽くまで徹底的に糾弾」と当局の方針を伝え、「常に或種の思想より国定教科書を無視し平然自己の好む書籍に依り修身科を教えていた。之がため畑山課長の面責に逢うも一向平気で当局の態度を寧ろ嘲笑すると言う有様であるため県では近く懲戒免職にする模様である」と報じました。

9月27日付で、県から川井訓導に「休職ヲ命ズ」という辞令が発せられました。川井訓導はこの処分に納得できず、伝田主席訓導などに相談のうえ、山松校長を通じて11月1日付で県知事宛に退職願を提出します。山松校長は川井訓導を慰留することもなく、「右者（川井訓導）別紙退職願差出シ候ニ付可然《しかるべく》御取計相成度……」と県に上申。同月23日には、川井訓導に「願ニ依リ本職ヲ免ス」と辞令が交付されます。

こうして、川井訓導は小学校訓導の地位を失いました。県当局や校長は休職処分を行政処分ではないといい、形式的には「依願退職」の形はとっていますが、事実上は「解雇」に近いというべきでしょう。川井訓導は授業中に国定教科書を使用しなかったということで処分を受けた、日本で最初の教師となったのです。

この事件後、同年10月17、18日には信濃教育会は臨時大会を開き、「教権」と「師道」について議論をおこない、『信濃教育』も誌面をあげて県の教育支配と弾圧に抗議しました。新聞報道も概ね教師側を支援しました。県も信濃教育会との対立深刻化を懸念し、同年10月29、30日、11月5、6日と教育者懇談会を開催して、教師側との対話につとめました。そして、翌年5月には畑山学務課長を更迭せざるを得ませんでした。事件後しばらくの間は県当局も教育に関する事項には一方的な専断はできませんでした。

ところで、川井訓導事件は川井訓導の辞任でけりがついたのではありません。川井訓導に続いて、10月には伝田主席訓導の辞任の問題が起こってきます。川井訓導に県から休職辞令、川井訓導が県知事宛に退職願を提出の報が伝わると、同僚たち12名の憤激はその極に達しました。全員が総退陣を決意し辞表を書き、伝田訓導にそれを預けました。伝田訓導は、あれだけの社会問題を惹起させたのは、川井訓導よりむしろ自分だと、全員を代表するかたちで、10月14日付で辞表を書きました。

川井訓導の辞表をそそくさと県に上申した山松校長も、伝田訓導の辞表には驚き、さかんに慰留しました。しかし、伝田訓導の決意は硬く、ついに説得をあきらめます。伝田訓導の辞表が県に受理されるのは12月18日です。

川井訓導事件は長野県の教育界に大きな影響を与えましたが、川井訓導の辞任は子どもたちの心に深刻な傷を残しました。藤村の『幼きものに』や『眼鏡』の抜粋をガリ版刷りで子どもたちに配ってくれたり、放課後に生徒の机に座り、『十五少年漂流記』や『山椒大夫』を読み聞かせていた川井訓導を子どもたちは慕っていましたし、川井訓導の影響で教師をめざした子どももいました。

川井を失ったクラスは荒れていました。飼ってはいけない教室で犬を2匹も飼ったり、ウサギも飼いました。その餌をもらう当番をきめて、50連隊の宿舎や師範学校の宿舎に行ったりもしました。女子もクローバーをむしりに出ました。授業をしないでお芝居ごっこもしました。教育実習生が師範学校からくると、皆で廊下で押さえつけて、習字の時使う水差しで首から水を流すので、教生は泣いて宿舎に帰ることもありました。音楽の時間にオルガンを倒してしまったこともあったようです（教え子の小沢光子さんの証言。岩本努「抵抗がつづいた松本女子師範附属小学校」中央大学教育学研究会『教育学論集』２０００年3月）。

（注1）伝田精爾「視学委員視察当日を顧みて」『信濃教育』１９２４（大正13）年10月5日号（現代

表記に改めた。以下同じ）。この講評会で川井訓導を糾弾している樋口長市は大正自由主義教育思想を主張する時代の「寵児」の一人でした。１９２１（大正10）年8月1日から8日間、東京高等師範学校で開かれた「八大教育主張大会」（全国から４０００名を超える教師が集まったといわれます）で、トップバッターとして登場した樋口は、「自学教育論」を論じました。「自学主義の教育は従前の教育が知識万能主義であるのに対して、児童内部の諸能力を十二分に発揮せしめようとする教育である」と説きましたが、この理論も含めてこの期の自由主義教育思想は「以而非児童中心主義によって強く彩られていた」と喝破したのは堀尾輝久東京大学教授（当時。現名誉教授）でした（堀尾輝久『天皇制国家と教育』青木書店、１９８７年）。

（注２）川井清一郎「経過と感想」『信濃教育』大正14年5月5日号。

## 川井訓導のその後

「休職処分」が出てからの川井訓導の動静がしばらくつかめません。松本女子師範附属小学校の『学校日誌』に川井訓導の記述が出てくるのは12月16日です。この日、「川井訓導　本校生徒告別式後　会議室ニ於テ全校職員送別茶話会」。ついで17日、「川井訓導午後三時三十分松本発ニテ広島ニ向ツテ出発セラル　職員一同　尋常四年生一同停車場ニ見送ル」と記録されています

川井訓導は12月17日、広島に向かって生地でもある松本を離れました。妻元子と長女澄子

（生後8か月）が一緒だったはずです。広島を選んだのは、自分の母校（広島高等師範学校）の長田新教授からの誘いもありましたし、妻元子の生地が呉だったことからでしょう。すぐに職や収入のあてがあったわけではありません。元子夫人の裁縫などの内職に頼ったと思われます。

１９２５（大正14）年４月に広島高等師範学校研究科に入学、翌年1月、同校の教育博物館に雇われます。そこで学術雑誌『精神科学』（年４回刊行）の発行準備と刊行（創刊１９２６年7月5日）後の編集にあたり、わずかな収入を得ていました。「あの事件が邪魔になりましてね、なかなか就職できませんでした」（元子夫人よりの聞き書き。１９７４年10月26日）。

やっと、就職が決まったのは１９２８（昭和３）年7月。その年の4月、財団法人から県立へ移管された竹原高等女学校の教頭としてでした。しかし、赴任わずか1年10か月。１９３０（昭和5）年5月17日、県立移管後の生徒募集の過労がたたり、竹原で36歳の生涯を閉じました。堪えていた苦労がやっと報われようとしていた矢先でした。妻元子（29歳）、長女澄子（6歳）、長男篤（4歳）、次男健（2歳）、三男彰（零歳、生後30日）が遺されました。しかし、一難去ってまた一難、母親の〝悲しみの乳〟を吸ったためか、三男彰が百日咳から肺炎を併発して翌年2月に逝ってしまいました。まだ1歳の誕生日も迎えていませんでした。

川井訓導の死後の元子夫人の苦労は大変なものであったようです。裁縫が主な収入でしたが、風呂場の番台にも座り、呉の軍人に琵琶も教えました。澄子さんは、母親は昼も夜も働きづめで、幼いころ布団に寝た母親の姿を見たことがないと話しています。こうした苦境を元子夫人は生来の明るさと粘り強さで乗りきり、3人の遺児を立派に育て上げ、1977年8月4日、東京の澄子さんの介護を受けながら、77歳の生涯を閉じました。

## 川井訓導が使わなかった教科書には何が書かれていたか

川井訓導事件で、県の役人たちがなぜ使わないかと詰め寄った国定修身教科書には、どんなことが書かれていたのでしょうか。

国定教科書制度は1904（明治37）年に始まっています。国定教科書の中でも、修身と国語は重きをおかれた科目で、1910（明治43）年と1918（大正7）年に改訂されていました。川井訓導事件がおこったとき、使われていたのは1918年に改訂された第三期国定修身教科書でした。

その4年生用『尋常小学修身書　巻四』には巻頭に教育勅語の全文がふりがなつきで載っています（130～131ページご参照）。そして、第一課は「明治天皇」です。「明治天皇は常に人民を子のやうにおいつくしみになり、之と苦楽をともにあそばされました」で始まっています。

そして、最終課の第二十七は「よい日本人」です。

「天皇陛下は明治天皇の御志をつがせられ、ますます我が国をさかんにあそばし、又我等臣民《しんみん》を御いつくしみになります。我等は常に天皇陛下の御恩をかうむることの深いことを思ひ、忠君愛国の心をはげみ、皇室を尊び、法令を重んじ、国旗を大切にし、祝祭日にいはれをわきまへなければなりません。日本人には忠義と孝行が一ばん大切なつとめであります。（中略）

我等は上にあげた心得を守ってよい日本人とならうとつとめなければなりません。けれどもよい日本人となるには多くの心得を知って居るだけではなく、至誠《しせい》をもってよく実行することが大切です。至誠から出たものでなければ、よい行いのやうに見えてもそれは生気《せいき》のない造花のやうなものです」

川井訓導事件と教材「よい日本人」は、修身教育がめざしたものは何であったかをよく示していると言わなければなりません。

# 4章　敗戦と教育改革

## 修身・日本歴史・地理授業停止と教科書回収指令

１９４５年8月10日、日本政府はポツダム宣言を受け入れることを連合国側に伝え、15日に天皇は「玉音放送」でそれを国民に発表しました。この敗戦という事態のなかで、教科書、御真影、教育勅語の運命も大きく変わっていきました。以下、この問題に限って変遷をたどってみましょう。

ポツダム宣言のなかには「吾等ノ俘虜ヲ虐待セル者ヲ含ム一切ノ戦争犯罪人ニ対シテハ、厳重ナル処罰ヲ加ヘラルヘシ」（第10項）とありました。文部省が恐れたのはこの「戦犯」指定でした。敗戦の翌16日には文部省は文部省の中庭にドラム缶を持ち出し、軍と協力した証拠書類を焼き捨てる作業を開始しました。１週間から10日ぐらいかかったといいます（読売新聞戦後史班編『教育のあゆみ』読売新聞社、１９８２年）。

その一方で、連合国やアメリカがどのような注文を出してくるのかを検討していました。そして9月15日、文部省は「新日本建設ノ教育方針」を発表します。「今後ノ教育ハ益々国体ノ護持ニ努ムルト共ニ軍国的思想及施策ヲ払拭シ平和国家ノ建設ヲ目途トシテ……」と述べ、初めて「軍国的思想」などの「払拭」という考え方を打ち出しました。教科書に墨を塗らせることを示唆したものです。

「墨ぬり教科書」の出現は9月20日の文部次官通牒からです。この日、文部省は教科書のなかの国防軍備を強調したり、戦意高揚をはかった教材を「省略削除又ハ取扱上注意スベキ」とし、国語教科書の『ヨミカタ　二』(1年生用下)では「兵タイゴッコ」「金しくんしょう」「病院の兵たいさん」などを「全文削除」としました。この日の通牒では例示は国語の教材だけで、全教科科目については「追テ指示ス」でした。しかし、追加の指示がなかなか出ず、「連合軍最高司令部ノ承認」を得て文部省教科書局長通牒が出るのは翌年1月25日です。ですから各地では9月20日の文部次官通牒に依って墨ぬりをしたのです。

1月25日の通牒が出る前の12月31日に、修身、日本歴史、地理の3科目は、「授業停止と教科書回収」というGHQ(連合国軍最高司令官総司令部)の覚書が日本政府宛に発せられます。墨ぬりよりもっと厳しいGHQ指令です。

「日本政府が軍国主義的及び極端な国家主義的観念を或る種の教科書に執拗に織込んで生徒に課しかかる観念を生徒の頭脳に植込まんが為めに教育を利用せるに鑑み……」(『近代日本教育

制度史料　第十八巻』原史料のカタカナはひらがなに改めた）とその覚書に書かれています。「或る種の教科書」が上記の3科目の教科書だというわけです。この3科目の教科書は墨ぬりが徹底する前に「追放」されました。明治の「学制」発布から続き、1880（明治13）年から最重要科目とされた修身はその終焉をむかえたのです。

## 御真影の回収

教科書の改変とならんで教育勅語や御真影の扱いも変わらざるを得ませんでした。

教育勅語にくらべると、御真影の処理の方が早く動き始めます。それは、1945年9月、占領軍が各地に派遣されるなかで、鹿児島県で、村の集会所の御真影を米兵が屋外に持ち出し、ピストルで撃ちぬくというような事件が伝えられたこと（「終戦連絡中央事務局第一六八号」読売新聞1976年5月31日付記事）も影響した可能性があります。戦時中は米兵にとって天皇は敵の大将ですから、こうした事件は伝播することはあり得ます。

政府、宮内省では御真影の回収はできるだけ早くするように心がけました。GHQに言われる前に回収したほうが、「国体護持」上得策であり、天皇制を温存するためにも良策という判断があったからでしょう。

御真影の回収の仕方は巧妙におこなわれます。従来、御真影は天皇が軍装であるのでそれを変えるという理由をつくったのです。敗戦後、御真影のことが最初に新聞に出たのは1945年11月8日の「朝日新聞」です。その見出しは「新に天皇服を御制定　詰襟型　御佩剣《はいけん》は用ひさせられず」。ついで、11月24日の「朝日新聞」には「新御服の御真影　学校官衙へ改めて下賜」の見出しで御真影の改変を伝えています。

「各級学校を始め、都道府県庁、在外大公使館等において奉戴している天皇陛下の御真影は終戦後の新事態に鑑《かんが》み、今回変改されることに決定した。すなわち、現在の御真影は一般に御軍装に桐花大授章御佩《はい》用の御肖像であるが、平和日本の建設期に当っては不適当なりとされ、かねて石渡宮相を中心に宮内省当局で慎重考慮のところ、今回新しき天皇御服の制定を機として新しい御真影を謹製することに方針を決定、過ぐる伊勢神宮御親拝直後、宮内省より内閣に対し、各方面にある現在の御真影の返納方を通達した」

そして、石渡宮相の「畏れ多いことながら、かゝる時代には現在の御真影は不適当と拝察され、天皇御服の制定の時から新しい御写真と御替へすることに方針を決定したわけです」ということばを載せています。

新聞発表はしたものの、政府はこの実施をすぐにはしませんでした。そうこうしているうちに、12月15日、「国家神道、神社神道ニ対スル政府ノ保証、支援、保全、監督並ニ弘布ノ禁止」の「連合国軍最高司令官総司令部（ＧＨＱ）覚書」が発表されます。この覚書によって、文部省が編纂した『国体の本義』（1937年）、『臣民の道』（1941年）などの書籍を公布することや「大東亜戦争」「八紘一宇」などの用語の使用が禁じられました。そして、次のような「主義」の宣伝、公布も禁止されます。

(1) 日本の天皇はその家系血統或は特殊なる起源の故に他国の元首に優るとする主義
(2) 日本の国民はその家系血統或は特殊なる起源の故に他国民に優るとする主義
(3) 日本の諸島は神に起源を発するが故に或は特殊なる起源を有するが故に他国に優るとする主義
(4) その他日本国民を欺き侵略戦争へ駆り出さしめ或は他国民の論争の解決の手段として武力の行使を謳歌せしめるに至らしめるが如き主義

覚書にいう(1)〜(4)こそが文部省が『国体の本義』や『臣民の道』で説いてきたところでした。文部省は御真影の回収を急がなければなりません。政府は12月20日、各地方長官宛に文部次官通牒を出します。その要旨はつぎの点です。

一、御真影はなるべく年内に地方庁に奉還すること。
一、返還完了したらその枚数を文部大臣官房秘書課長宛に電信で報告すること。

一、返還が未完了の学校でも来年の一月一日の式場には御真影を掲げないように。
一、元日の式場に御真影を掲げなくても、敬虔真摯の念を以って、大君の下ますます国家再建の決意を強固にして困難な時局を克服するよう、適切な処置をすること。

この通牒にしたがって、千葉県袖ケ浦のある国民学校では12月28日に来賓を集めて「奉遷式」をしました。

「御真影奉掲、一同最敬礼　君が代合唱」に続いて校長は次のような訓話をします。

「本日茲《ここ》に突然多数のお客様をお迎へして、先生方及皆様のお集りを願いましたのは、此度《このたび》お上《かみ》よりの通牒に依り、学校に拝戴して居ります御真影を全部一応お返しすることになった為であります。……その御写真を今お返し致しますことは何となく魂を奪われる様な気持が致します。然《しか》し之《これ》は今回新に天皇の御制服が定められ、新しく撮りなほされた御写真と取りかへる為であると洩れ承りますので、不日《ふじつ》（ほどなく）再下賜せられるものと考へて居ります。今や我が国は終戦の大詔を奉じ、ポツダム宣言を忠実に履行すべき責任に迫られて居ります」（『千葉県教育百年史』第五巻。原文のカタカナをひらがなに改め、ルビ、句読点を入れました）。

この後、「一同最敬礼、各学年毎に奉拝」が続き、翌日、御真影は「午前九時頃校門出発、中下部落児童校門堵列《とれつ》（垣根のように並ぶ）見送、他は沿道にて最敬礼」（『同前』）。

御真影の返還に際し、御真影の汚れや損傷のはげしいものについては、始末書を出させたところもあります。このうち、宮城県伊具《いぐ》郡小田国民学校長より文部大臣前田多門宛のものを紹介してみましょう。

「文部大臣前田多門殿

御真影汚損始末書

皇太后陛下ノ御真影ハ大正十年以来左側侵蝕甚ダシク恐懼《きょうく》ニ堪エズ左ノ通リ顛末及報告候也

大正十年八月時ノ校長佐藤勘平御真影侵蝕ヲ発見シ大正十一年四月十一日次ノ校長嶺崎憲通ニ之ガ侵蝕状況書ヲ引継グ　当時ハ旧校舎ノ講堂南端ニ奉安所在リタルモ奉安函ノ設備ナク単ニ奉安台上ニ安置シタルモノナリ

大正十一年八月三十一日校長池田久馬引継ヲ受ケ侵蝕状況始末書ヲ提出シ厳重奉護ノ任ニ当リ其ノ後御異常ナシ（以下略）」

これから回収して焼却するというのに「汚損」も「侵蝕」もあったものではないと思えますが、政府は天皇の権威の失墜が国民の間に広まることに神経質になっていました。

地方事務所に集められた御真影は、極秘のうちに焼却処理されました。焼却した場所は、だれも見ていない事務所の中庭、神社の社前、校庭などさまざまです。

岩手県では次のような元教師たちの回想座談会の記録を残しています。

「三田地　返還は、たしか（1945年の）年末だったと記憶しております。私は、当時、（岩手県）紫波郡の彦部国民学校につとめていましたが、県からの指示で、早朝、御真影や勅語、詔書などを紫の布に包み、それを捧持して日詰の車庫まで歩いていきました。三キロはあるんじゃないでしょうか。（略）中央バスの車庫からは、郡内の校長先生方と一緒に、特別仕立ての木炭バスで県庁に向かいました。バスの中でも姿勢を正して、白い手袋をして捧持していたんですから、県の正庁で係官にお渡ししたときは、ほんとうにホッとしました。何しろ、朝早くから同じ格好で、目の高さに捧げ持っていたんですから、両腕の感覚がおかしくなっていて、自分の腕のような感じがしないんです。伸ばそうとしても、なかなか思うように動きませんでした。

司会　さて、そのようにして返還されたのを、隠密裏に焼却せよということだったんです。最初は、こうやって一枚ずつ拝んでは焼き、拝んでは焼きしていたんだがどうもスタッと重なってしまってうまく燃えないんだ。

照井　何しろ、あの台紙は厚かったからなぁ。

司会　そこで二つ折りにして、空気が入るようにしたが、それでもうまく燃えない。というガソリンをどこからか持ってきて、それをかけて燃やしたんだ。

菊池　聖地でやれというので、護国神社の境内でやりましたったね。

司会　ところがそれ、シミ一つ付けてもならぬと厳しくいわれてきたものだけに、あのときの心境は言葉ではいい尽せませんね。
千葉　シミといえば、海岸の方の学校からきたのは、ほとんどといっていいくらいシミが入っていましたね。多分、潮風の影響かと思いますが――。（中略）午前六時集合ではじめたわけですが、八時になっても終わらない。（中略）十時ごろまでかかりました。
司会　返還された宣戦の大詔には、仮名をふっていたのが随分あったっけ。あれにはたまげたったが――。
三田地　何しろ、ふだん使わない漢字がたくさん使われていましたからね。
山中　おそれおののいてお焼きしたのかね。
千葉　何といえばいいのか。恐れ多くて――。
照井　焼き奉るといった気持でしたが――。
佐藤　それまでは、県から視学がくると、まっさきに御真影の奉安状況を視察するほど大事にしていたのですからね。（後略）」
（六三制教育研究会企画・編集『岩手の教育行政物語』熊谷印刷出版部、１９８０年）

直前までは、焼失したり、紛失した場合は重い責任を負わされた御真影を、今や権力は自らの手で焼却したのです。〝炎上〟の感慨に埋没してしまって、教育や敗戦にいたるまでに御真影の果たした役割についての自覚はまだ持ちえてはいませんでした。

## 奉安殿の撤去

御真影の回収、焼却と並行して奉安殿の撤去もおこなわれました。

奉安殿の存在は1945年12月15日のGHQ覚書「国家神道、神社神道ニ対スル政府ノ保証、支援、保全、監督並ニ弘布ノ禁止」に抵触するものと考えられました。

御真影の場合は、焼却現場さえ見せなければ、子どもたちにその存在がなくなったのはわからないですみましたが、奉安殿の場合はそうはいきません。その建設資金は村民の寄付金によるところもあり、登下校はもちろん前を通るときには拝礼を義務づけていたものです。奉安殿の撤去は、従来の教育理念の否定を子どもたちにはっきりとみせることになります。御真影の回収以上に慎重な配慮がなされました。

長崎県で出された指示では「(奉安殿の)破壊工作ハ夜間若《も》クハ休日等ヲ利用シ且《かつ》ナルベク遮蔽《しゃへい》装置ヲ施シタル上隠秘ノ間ニ而《しか》モ受令後一週間以内ニ完了シ得ル計画ヲ樹テ置クコト」(『長崎県教育史』)とされ、この指示にもとづき、各校では次々と取り壊していきました。「昭和二一年二月二六日　奉安殿破壊のため休業す」(3月1日完了、北松田平南校日誌)、「昭和二一年四月九日　奉安殿取りこわしのため、児童を九時より帰宅させる」(北高湯江校日誌、2校とも『長崎県教育史』)などの記録が残されています。

奉安殿はコンクリート製であることも多く、堅牢です。重機がなかった時代では取り壊すのも容易ではありません。この撤去作業中に殉職した教師も出ました。

## 教育勅語の廃止

御真影の回収や奉安殿の撤去にくらべると、教育勅語の廃止は時間がかかりました。政府・文部省が廃止に抵抗したことと、ＧＨＱの姿勢もはっきりしなかったからです。１９４５年８月18日、東久邇宮《ひがしくにのみや》内閣の文部大臣・前田多門が記者会見で「ポツダム宣言には教育の事について一句も云々してゐないしふれてゐない。（中略）教育の大本は勿論教育勅語をはじめ戦争終結の際に賜うた詔書を具体化していく以外にあり得ない」と述べていました。

ＧＨＱは１９４５年中に教育の民主化に関する４つの指令を出しますが、その指令でも「軍国主義的及ビ極端ナル国家主義的イデオロギーノ普及ヲ禁止」とはいうのですが、教育勅語については述べていません。アメリカ政府もＧＨＱも天皇・天皇制を占領と日本統治に利用しようと考えていたため、それと関連する教育勅語の扱いについてははっきりした態度をとれなかったからでしょう。

それをよいことに、日本政府の教育勅語擁護論は１９４６年になっても続きます。２月21日、文部省で開かれた全国教学課長会議で田中耕太郎学校教育局長は「教育勅語は吾国の醇《じゅん》風《ぷう》美《び》俗《ぞく》（人情の厚い、うつくしい風俗の意味）と世界人類の道徳的な核心に合致する」と述べています。

その年3月には米国教育使節団が来日して、日本の教育の民主化について勧告することになるのですが、その使節団に協力する日本側の日本教育家委員会がつくられました。その委員会が3月に文部省に提出した意見書でも、「従来の教育勅語は天地の公道を示されしものとして謬《あやま》りにはあらざる」と肯定しています。

そしてこの意見書では、教育勅語は「時勢の推移につれ」今後の指針として不適切なものもあるので、「新方向を明示したもう如き詔書をたまわり度《た》き」と新勅語を要請しています。3月末に出された米国教育使節団の報告書でも教育勅語の内容上の批判はなく、儀式での奉読や御真影への参拝は廃止すべきだとしただけでした。

民間でも、歴史の動きが正しく把握できていたわけではなく、1946年3月2日、教員組合の結成宣言でも「吾等茲《ここ》ニ最上郡教員組合ヲ結成シ、之ガ使命達成ニ挺身、以テ聖慮ニ応へ奉ランコトヲ期ス」と記されていました。聖慮とはその年の元日の天皇の人間宣言です。組合を結成して、天皇の意向に沿おうというのです（岩波講座『現代教育学』月報18）。

しかし、世論は動いていました。田中耕太郎学校教育局長の発言に対して、評論家の本田喜代治は「教育勅語にのっとって自発的かつ自由に考へた教職員が一人でもあったかどうか。文部省は、このさい、大掃除されなければならない」と言い（「朝日新聞」1946年3月4日の投書）、長野県の前国民学校長・三沢隆茂は「（教育勅語は）教師生徒の自主性をうばひ、教育勅語順応で万事足れりとする盲目服従の習性をまねいた。民主主義時代においてもなほ尽忠義烈をもって皇運を扶翼することが七千万国民の第一義であらうか」と批判しました（同上投書）。

また、新勅語渙発論について「朝日新聞」は1946年3月20日の社説で批判し、「政治的機構を、外から与へられることは、忍ぶことを余儀なくせられるとしても、国民精神の内容まで配給されることは、忍ぶことはできないのである。与へられた道徳基準とか、文教指導原理とかいふものは、一つの呪文の役には立つかも知れないが、断じて民族の発展に貢献する、はたらきをなすものではない」と論じました。

こうした世論の動向と、日本教育家委員会の後を受けて1946年8月に設置された教育刷新委員会（内閣総理大臣直轄の機関）の議論の中で、教育勅語を否定する意見が強まり、新勅語を要請しないことが決まりました。1946年10月8日、文部省も次官通達を出して、①教育勅語を以って教育の淵源という考え方をやめる、②式日などでの奉読はしない、③謄本は学校で引き続き保管すべきだが、神格化しない、としましたが、勅語謄本などの回収はしませんでした。

新憲法下での国会でも教育勅語の廃止には根強い抵抗がありました。1948年5月27日の参議院文教委員会での議論のなかから、その一部を紹介してみましょう。

「教育勅語というものは過去において有害であった。有害な教育勅語を今後繰返してはならない。こういう言葉は、これは誤解を伴う。……過去に有害であったというような断定の下に除去することは甚だ行過ぎである」（梅原真隆議員）

「おしめの御厄介になっておって、大きくなってから要らないものになったからといってそれを悪く言うことは、やはり成人した心持の現れでないのであります」（柏木庫治議員）

これに対して、歴史家の羽仁五郎議員は次のように反論します。

「国民に先ず第一に教育勅語というのは如何に有害であったかということをはっきり示すことが必要なんでありまして、何かの事情で今まであったけれども、最近はなくなったと受身的な気持で国民が考えてはならない。或いは命令によってこれが廃止になったというように考えることは、私はならないと思うのです。……

教育勅語に述べられておる内容には、内容的には反対する必要がないものもあるというようなお考えもありましたが、そういう点に問題があるのでなくて、たとえ完全なる真理を述べておろうとも、それが君主の命令によって強制されたという所に大きな間違いがあるのである。だから内容に一点の瑕疵《かし》（傷、欠点）がなくても、完全な真理であっても、専制君主の命令で国民に強制したというところに間違いがある。専制君主の命令によって命ぜられて、国民が率いてこれに従わざるを得ないで今日の不幸を招いたというところに、重大な原因があったということを明らかにして、国民は自発的にこれを痛切な批判を以てこれを廃止する。そうして将来再びこういう間違いを繰返さないということが要請されておるのではないかと考えます」

（第二回国会　参議院文教委員会会議録　第七号）

羽仁五郎の発言が最も説得力があり、他の委員の発言を圧倒しました。

１９４８年のこの国会では５～６月にかけて衆議院文教委員会で約10回、参議院文教委員会でも４回の会議で教育勅語と謄本の扱いについての議論がされます。そして、６月19日、衆議院で「教育勅語等排除に関する決議」（後掲の資料１）、参議院で「教育勅語等失効確認に関する決議」（後掲の資料２）がなされました。この決議にもとづき、６月25日、文部省は学校にある勅語謄本などの返還を求める通達を出し、回収しました。教育勅語58年の歴史の幕が下りたのです。

**●資料１　衆議院「教育勅語等排除に関する決議」（１９４８年６月19日　衆議院本会議）**

民主平和国家として世界史的建設途上にあるわが国の現実は、その精神内容において未だ決定的な民主化を確認するを得ないのは遺憾である。これが徹底に最も緊要なことは教育基本法に則り、教育の革新と振興とをはかることにある。しかるに既に過去の文書となっている教育勅語並びに陸海軍軍人に賜りたる勅諭その他の教育に関する諸詔勅が、今日もなお国民道徳の指導原理としての性格を持続しているかの如く誤解されるのは、従来の行政上の措置が不十分であったがためである。

思うに、これらの詔勅の根本理念が主権在君並びに神話的国体観に基いている事実は、明かに基本的人権を損い、且つ国際信義に対して疑点を残すもととなる。よって憲法第九十八条の本旨に従い、ここに衆議院は院議を以て、これらの詔勅を排除し、その指導原理的性格を認めないことを宣言する。政府は直ちにこれらの詔勅の謄本を回収し、排除の措置を完了すべきである。

右決議する。

## ●資料2　参議院「教育勅語等の失効確認に関する決議」（1948年6月19日　参議院本会議）

われらは、さきに日本国憲法の人類普遍の原理に則り、教育基本法を制定して、わが国家及びわが民族を中心とする教育の誤りを徹底的に払拭し、真理と平和とを希求する人間を育成する民主主義的教育理念をおごそかに宣明した。その結果として、教育勅語は、軍人に賜はりたる勅諭、戊申詔書、青少年学徒に賜はりたる勅語その他の諸詔勅とともに、既に廃止せられその効力を失っている。

しかし教育勅語等が、あるいは従来の如き効力を今日なお保有するかの疑いを懐く者あるをおもんばかり、われらはとくに、それらが既に効力を失っている事実を明確にするとともに、政府をして教育勅語その他の諸詔勅の謄本をもれなく回収せしめる。

われらはここに、教育の真の権威の確立と国民道徳の振興のために、全国民が一致して教育基本法の明示する新教育理念の普及徹底に努力をいたすべきことを期する。

右決議する。

## 国民の祝日の制定と紀元節

戦後の教育改革を考えるとき、いままで述べてきた明治以来の国民思想をしばってきた御真影、教育勅語などの天皇制教育の象徴がどのように変革されたかと並んで、国民生活に影響することの大きい祝日がどのように制定されたかも重要です。以下この点をみていきます。

明治期の祝祭日は太政官（内閣）の布告によって決められました。祝祭日に関する最初の布告は太陽暦採用（明治5年12月、旧暦による明治5年12月3日を太陽暦で明治6年1月1日とした）の直後の1873（明治6）年1月4日です。天長節（天皇誕生日）および神武天皇即位日（後の紀元節）を祝日としたものでした。その後、何回かの追加・変更がありますが、人々に親しまれてきた1月7日の人日《じんじつ》（七草）、3月3日の上巳《じょうし》（桃の節句）、5月5日の端午《たんご》、7月7日の七夕《たなばた》、9月9日の重陽《ちょうよう》の五節句やお盆が廃され、彼岸の日も性格が変えられてしまいましたから、国民にはなじめないものでした。

そこで政府は、教育勅語を発布した翌年の1891年、「小学校祝日大祭日儀式規程」をつくり、これらの日には学校で儀式をあげることを決め、儀式を通して御真影への敬礼や教育勅語奉読をとおして、天皇への崇敬やこの日のありがたさを体得させせようとしました。

第二次大戦後の政府も、1947年12月5日、第一回国会会期末、衆参両院の文化委員長に、祝祭日を政令によって早急に決めたい、と申し入れ、同意を求めました。国会では直ちに両院文化委員会の合同打合せ会を開き、政府への申し入れを検討します。その結果、祝祭日は国民の思想、生活に及ぼす影響が大きいから、これを短期間で決定し、政令をもって一方的に決定することは好ましくない、国民の代表たる国会において決定するという結論になり、政府もこれに同意しました。

法案の審議を担当したのは両院の文化委員会でした。審議の方針は、第1に、新憲法の精神に即応し、平和日本、文化日本建設の意義に合致するものであること、第2に、国民の全体がこぞって参加し、ともに喜ぶものであること、そして、国家神道に由来し、国民生活との関係のうすいものは除く、歴史的根拠のうすいものは再検討するなどの諸点に留意することになりました。両院文化委員会の審議回数は、衆院25回、参院40回、両院合同打合せ会4回におよびました。その頃、各新聞社や総理庁は世論調査を実施し、放送局はラジオで放送討論会を開催し、国民の関心を喚起しました。

審議や討論会で最も問題となったのは紀元節をどうするかということでした。委員会の速記録でも約3分の1がこの問題の論議で火花を散らしたといわれます（受田新吉著『日本の新しい祝日』日本教職員組合出版部、1948年10月初版）。世論調査の結果でも、建国の記念日には高い支持率があり、参院の委員会（1948年4月2日）では次のような発言もありました。

「戦争中は紀元節あるいは建国祭というものが、軍閥によって利用された。しかし利用されたことと、紀元節そのものの本質は別であり、紀元節、建国の日の本質に何ら軍国主義的なものはない。長い間われわれ民族の中にとけこんでおる愛着深い国の始めの日を紀元節と呼んで一向に差支えはない」（佐々木盛雄）、「各方面の世論調査によると、建国の日とする世論は常に第二、三、四位という上位にある。……この国民感情を無視して、国家の祝祭日というのは、成り立たないので、紀元節、二月一一日の考えをとりたいと思う」（原田憲）。

しかし、結局、紀元節は設置されませんでした。それは、審議の方針や留意点に合致しなかったからであり、山本勇造（有三）参院文化委員長が参院議長に出した「祝祭日の改正に関する調査報告書」の次のような一節が説得力を持ったからでした。

「世論を尊重するという点からいうと、これはゆるがせにできないことである。しかしながら、現代の日本国民はこの祭日を最も重要な記念日として、小学生のころから教えこまれているのであるから、かような結果が出るのは当然のことである。もし明治以前の人にこういう調査を行なったならば、どうであろうか。（中略）

正しい歴史を与えられないまま行なった世論調査を、そのまま採用すべきであろうか。またその世論は、日本の世論だけでなく、世界の声にも耳を傾ける必要がないであろうか。いま国会において新しい祝祭日を選定するというので、諸外国は、日本がどんな日を選びだすか非常な注意を払っている。この際において、なお旧日本の姿を祝祭日の上に残すならば、新日本の信用はどうなるであろう。日本は日本の日本でなく、世界のなかの日本である」

こうして、「国民の祝日に関する法律」は１９４８年7月20日、法律第一七八号として公布され、その日に施行されました。この法律では、法律名と第1条で、従来皇室の祭典がおこなわれる日が祭日、国及び国民一般が祝う日を祝日、合わせて祝祭日とよばれてきたのを、「祭日」を廃し、「祝日」一本立てとし、「国民の祝日」としたのも重要な点でした。しかし、11月3日、11月23日など、戦前の祭日に由来する日が名前を変えて祝日として残されるなど、「旧日本の姿」そのままを留めているものがありました。

後に、「紀元節」復活をめざす活動も執拗にくりひろげられ、１９６７年に「建国記念の日」として「復活」するのも、このときの「総括」の不徹底さをうかがわせています。

## 戦後も繰り返される教育勅語擁護発言

国会の衆参両院で教育勅語を排除する決議がなされた後も、政権党やそれを擁護する団体・個人から教育勅語を擁護・復活する発言や活動が執拗に続けられました。

それは、２０１７年の森友学園での教育勅語を使用して教育をおこなっている状況が報道されて世間の注目を一挙に浴びましたが、２０１８年10月2日に発足した第4次安倍改造内閣の柴山昌彦文部科学大臣の「（教育勅語というのは）いまの道徳教育に使うことができる文面というのは十分にあるという意味では普遍性を持っている」という発言まで続いています。

なぜこういうことが起きているのでしょうか。それを考える前に、戦後、どのような発言や行為があったかをみていきましょう。

**●1950年11月6日　天野貞祐文部大臣「私はこう考える―教育勅語に代るものを」**

勅語がその妥当性を失うこととなった今日、そこに何か日本人の価値生活に対して一種の空白が生じたような感じを抱く者は決して少なくない。教育勅語にふくまれる主要な徳目は今日といえども妥当性を有つものであって、「父母ニ孝ニ兄弟ニ友ニ夫婦相和シ朋友相信シ恭倹己レヲ持シ博愛衆ニ及ホシ学ヲ修メ業ヲ習ヒ以テ知能ヲ啓発シ徳器ヲ成就シ進テ公益ヲ広メ世務ヲ開キ常ニ国憲ヲ重シ国法ニ遵ヒ」というのはそのまゝ現在もわれわれの道徳的基準でありま す。しかしこれらの徳目が勅語という形式において道徳的基準として要請されることの不妥当なことはもちろんでありますから、何か他の形式において教育勅語の果していた役割を有つものを必要はないかというのがわれわれの問題であります。（朝日新聞）

**●1953年2月9〜12日　岡野清豪文部大臣　衆院予算委員会で**

衆院予算委員会で「教育勅語は千古の真理をふくむ」「太平洋戦争の善悪はいわぬが、とにかく世界各国を相手にして四年間も戦ったことは、日本人の優秀性を示すものである」と述べた。（朝日新聞1953年2月9日夕刊、13日）

## ●1953年6月30日　大達茂雄文部大臣　左右両派社会党委員との討論での答弁

教育勅語は以前は学校の道徳教育の中心をなしていたが、新憲法によりその機能を喪失した。その発布は確かに形式的に天下りであったが、その形が失われてもそれに盛られた道徳的精神までがすべて失われてよいものとは考えない。しかし個々の徳目については、主権在民の憲法下に平和国家、民主国家として再出発している日本の新時代に適応するよう国民の常識によって取捨選択されるものと思う。私の発言が憲法や教育基本法に違反するとは考えない。（中略）立憲君主制下の明治時代に民族愛、祖国愛の精神が勅語のなかに、ああした形でうたわれたものと思う。（朝日新聞1953年7月1日）

## ●1966年10月31日　中央教育審議会「期待される人間像」

中央教育審議会が「後期中等教育の拡充整備について」を答申する。そのなかに「期待される人間像」が別記された。「期待される人間像」の「第四章　国民として」の「二　象徴に敬愛の念をもつこと」には次の一節が書かれている。「日本の歴史をふりかえるならば、天皇は日本国および日本国民統合の象徴として、ゆるがぬものをもっていたことが知られる。（中略）天皇への敬愛の念をつきつめていけば、それは日本国への敬愛の念に通ずる。けだし日本国の象徴たる天皇を敬愛することは、その実態たる日本国を敬愛することに通ずるからである。このような天皇を日本の象徴として自国の上にいただいてきたところに、日本国の独自な姿がある」

**●1967年7月15日　田中耕太郎国際司法裁判所判事（元最高裁長官）**

朝日新聞夕刊に教育勅語にふれた次のような一文を寄せた。

天皇の神格化が廃止されたからといって、教育勅語にとり入れられた徳目が誤謬《ごびゅう》になってしまい、教育上無価値または有害になってしまうわけではない。その中に古今東西を通じて変らない自然的道徳律が多分にふくまれており、それは教育上有益な資料として活用すべきである。（中略）現在は聖書も仏典でもひとしく教育の有益な資料となっているのである。教育勅語もかような古典の系列につらなる、生きた歴史的文献たることを失わない。我々は偏見をすてて客観的の態度を以て取捨選択すべきである。

**●1974年5月15日　田中角栄首相　参院決算委員会での答弁**

田中首相は春日正一氏（共産党）の質問に対して、「自分の考えは勅語の復活でも是認でもない。憲法を守る中で人倫の基本を考えているのだ」と答弁。さらに「父母ニ孝ニ兄弟ニ友ニ夫婦相和シ朋友相信シ…」などと教育勅語の一部を暗唱して、「現憲法のもとでも守るべきことばかりだ。もう一度、この点を考える必要がある。永久にそう思う」と顔を紅潮させて答えた。（朝日新聞1974年5月16日）

## ●1975年4月7日　石田和外前最高裁長官が日本経済新聞に寄稿

教育勅語の法的拘束力が消滅しても、その実質には何ら影響はない。父母に孝に、兄弟に友に、夫婦相和し、にはじまり、一旦緩急あれば義勇公に奉じ、など人間なら当然履《ふ》み行うべき諸徳目に言及しているその内容は何人といえども否定し、抹殺することはできない。それにもかかわらず、両院決議の形式で行われた、屍《しかばね》にむちうつような、教育勅語追放の措置によって、一般国民の目には、その実質、内容までが否定されたかのように映じ、従来履践《りせん》して来た徳目自体が誤りであったかのような錯覚を覚えしめ、また教育関係者はいたずらにその去就に迷い、三十年を経た現在においてすらなお、教育勅語に触れ、これに言及することは全くのタブーとしている教師たちが少なくなく、思えば笑止の限りである。かくて我が国には、教育勅語のような立派な道徳律が存在しただけに、これを失ったことによる反動はかえって大きく、現在日本の悩む道義退廃、道徳低下の大きな原因がここに在るのである。

## ●1977年2月9日　福田赳夫首相　衆院予算委員会で工藤晃委員（共産）の質問に対して

私は、教育勅語は廃棄されましたけれども、あの中で、人はどういうふうな立場でなければならぬかという部門、これは私の言う協調と連帯ということを力説されておるように思うのですよ。「父母ニ孝ニ兄弟ニ友ニ夫婦相和シ朋友相信シ」、まことに私は人の道だと思うのです。これこそは日本社会においてさらにさらに推し進めていかなければならぬ人間原理である。

（第80回国会衆議院予算委員会議事録第四号）

●1978年8月28日　砂田重民文部大臣の講演

日本記者クラブで講演し、「戦前教育の中心にあった教育勅語にも、人間性や連帯感が説かれている。よいところをも一緒に投げすててしまうのは間違いだと思う」と述べた。（朝日新聞1978年8月29日）

●1983年2月11日　松江日大高校で教育勅語を唱和

参院決算委員会で、松江日大高校で教育勅語を唱和していることが明らかとなる。

同校では1962（昭和37）年の開校後、20余年にわたり2月11日には、学校行事として教育勅語を校長が読みあげるだけでなく、生徒も起立して唱和し、皇居に向けた遥拝も行なわれていた。（朝日新聞1983年5月11日夕刊）

●1984年3月14日　大阪府堺市立宮山中学校の卒業式で教育勅語全文を暗唱

この日行なわれた大阪府堺市立宮山中学校の卒業式（生徒・父母等約800名参加）で、校長（50）は式辞で教育勅語全文を暗唱してみせていたことが、16日の同市議会の委員会で明らかになる。（朝日新聞1984年3月17日）

## ●１９８６年７月22日　藤尾正行自民党政調会長が中曽根康弘内閣の文部大臣に就任

教育勅語精神の復活を主張した自民党の藤尾正行政調会長が第４次中曽根康弘内閣の文部大臣に就任する。

## ●２０００年４月20日　森喜朗首相のインタビュー

森喜朗首相は20日の内閣記者会のインタビューで「教育勅語の伝統や文化に関する個所を連合国軍総司令部（ＧＨＱ）が駄目だと言って消したが、本当にそのことがよかったのかも含めて議論する必要がある」と述べる。（中日新聞２０００年４月21日）

## ●２０００年５月15日　森喜朗首相の挨拶

森喜朗首相は15日夜、都内のホテルで開かれた神道政治連盟国会議員懇談会の会合で挨拶し、「日本の国、まさに天皇を中心にしている神の国であるぞということを、国民のみなさんにしっかりと承知していただく、その思いで、われわれが活動して三十年になるわけで…」と述べる。（産経新聞２０００年５月27日）

森首相の「日本は天皇を中心とした神の国」発言は、マスメディアなどで強い批判をあびました。これ以後、政治家の教育勅語擁護発言は鳴りをひそめます。代わって出てきたのが教科書での教育勅語紹介です。

教科書での全文紹介は「新しい歴史教科書をつくる会」が主導した中学校の歴史教科書（扶桑社発行。２００２年4月から使用開始）では教育勅語の全文を紹介し、教育勅語は「父母への孝行や、非常時には国のために尽す姿勢、近代国家の国民としての心得を説いた教えで一九四五（昭和二〇）年の終戦にいたるまで、各学校で用いられ、近代日本人の人格の背骨をなすものとなった」と記述しています。

この教科書にならい、以後、すべての中学校歴史教科書に教育勅語の全文や要約が現代語訳で記述されるようになります。

政治家の発言は、個人の見解であり、世間はどう反応するかの「観測気球」の側面がありましたが、教科書での紹介は子どもたちへの直接の影響を与えるものです。２０１７年に森友学園の幼稚園で教育勅語が暗唱させられていることがメディアで公開されましたが、そのさきがけとなったものです。

以上のように、１９４８年の衆参両院での教育勅語排除決議後も、為政者などは公然と教育勅語擁護、復活発言をくりかえしてきました。このことは、教育勅語とは国民にとって何であったかということの為政者たちの理解が不十分ということにとどまらず、隙あらば復活させるという為政者たちの意図の表明だということにほかなりません。その意図を実現させる重大な一歩が、次に述べる「特別な教科　道徳」の施策です。

## 道徳教育復活と道徳教科書の出現

敗戦後、御真影、教育勅語の廃止のうごきは先に見たとおりです。そのなかで、国民は教科書に墨をぬったり、教科目で最も重要とされた修身は授業停止、教科書回収という体験もしました。

そもそも、教科書とは日本人にとって何であったのでしょうか。明治以後、とりわけ国定教科書時代からは、教科書こそが日本人の思想や人間性を形成してきたといってもよいでしょう。最後の国定教科書時代というのは、国民学校期（1941年～）ですが、その時代に神奈川県平塚第二国民学校生であった児童文学者の山中恒さんは次のように回想しています。

「教科書などは、まさに宗教的な扱いであった。教育勅語に則して作られた教科書には、天皇の御諭《おさと》しが書かれてあるとされた。教科書はいまと違い、有償であり、それぞれ親から買ってもらったものであったが、粗略に扱ったり、よごしたりすることは許されなかった。

級友のひとりに、教科書の漢字に鉛筆で、こっそりふり仮名をしたものがいた。たまたま、彼が教科書を読まされたのだが、ある漢字をあやまって読んだ。彼のつけたふり仮名がまちがっていたのである。教師は彼のあやまりを訂正して、もう一度、初めから読むように命じた。ところが、彼は今度もついうっかり、自分のしたふり仮名どおりに読んでしまい、ふり仮名をしてあることがばれてしまった。

彼は神聖な教科書をよごしたということで、教室のゆかに土下座させられて、なんどもなんども教科書にあやまらされた。教師は彼が泣きだすまで、それを続けさせた」（『少国民はどう作られたか』（筑摩書房、１９８６年）

こうした教科書が〝右向け、右〟の国民、天皇や国家のために喜んで死に、無批判にアジア征服の途にも往く国民を形づくったのです。

「国定の教科書に殺されしは幾千万自国の民衆《たみ》もアジアの民衆《たみ》も」（朝日歌壇１９８１年7月26日付「朝日新聞」三木原千加作歌）とうたわれるゆえんです。

第二次大戦後、占領下とはいえ、文部省も次のように反省の弁を述べていました。

「日本国民は合理的精神にとぼしく科学的水準が低い。ひはん的精神に欠け、権威にもう従しやすい国民にあっては、物事を道理に合わせて考へる力、すなはち合理的精神がとぼしく、したがって科学的なはたらきが弱い。（中略）

これまでの国史の教科書には、神が国土や山川草木を生んだとか、をろちの尾から剣が出たとか、神風が吹いて敵軍を滅ぼしたとかの神話や伝説が、あたかも歴史的事実であるかのやうに記されてゐたのに、生徒はそれを疑ふことなく、その真相やその意味をきはめようともしなかった。このやうにして教育せられた国民は、竹やりをもって近代兵器に立ち向かはうとしたり、門の柱にばくだんよけの護り札をはったり、神風による最後の勝利を信じたりしたのであ

る」（文部省『新教育指針　第一分冊』1946年5月）

「これまでの教育では、その内容を中央できめると、それをどんなところでも、どんな児童にも一様にあてはめて行こうとした。だからどうしても画一的になって、教育の実際の場での創意や工夫がなされる余地がなかった。このようなことは、教育の実際にいろいろな不合理をもたらし、教育の生気をそぐようなことになった。（中略）

自分の創意や工夫の力を失わせ、ために教育に生き生きした動きを少なくするようなことになり、時には教師の考えを、あてがわれた型どおりにおしえておけばよい、といった気持におとしいれ、ほんとうに生きた指導をしようとする心持ちを失わせるようなこともあったのである。……このような点から改められなくてはなるまい」（文部省『学習指導要領　一般編』「序論　なぜこの書はつくられたか」1947年3月20日）

そして、道徳教育については「がんらい、そのときどきの政策が教育を支配することは、大きなまちがいのもとである。政府は、教育の発達をできるだけ援助すべきではあるが、教育の方針を政策によって動かすようなことをしてはならない。（中略）

ことに、政府が、教育機関を通じて国民の道徳思想をまで一つの型にはめようとするのは、最もよくないことである。今までの日本では、忠君愛国というような〈縦の道徳〉だけが重んぜられ、あらゆる機会にそれが国民の心に吹きこまれてきた。そのため、日本人には、何よりもたいせつな公民道徳が著しく欠けていた」（文部省『民主主義　下』「第十四章　民主主義の学び

方」1949年8月26日）

こうした反省をふまえて、戦後の道徳教育は、新しく教科となった社会科と全教育活動を通じておこなわれることとなりました。しかし、1950年に朝鮮戦争が勃発し、冷戦がきびしくなると、「逆コース」が始まります。1952年8月に吉田茂内閣の文部大臣となった岡野清豪は1953年2月に国会で「教育勅語は千古の真理をふくむ」と答弁して道徳教育政策を大きく転換させます。次の大達茂雄文部大臣当時の1953年8月に文部省は「社会科の改善についての方策」を発表し、「正直、親切、忍耐、協力、規則を守ること」など、社会科で教えていた徳目を分離する科目が必要だとします。

この傾向は、同年10月の池田・ロバートソン会談以降、ますます強まります。池田・ロバートソン会談とは、当時自由党政調会長であった池田勇人が1953年10月に日本政府特使としてワシントンを訪れ、ロバートソン米国務次官補と会談し、「日本政府は、教育および広報によって日本に愛国心と自衛のための自発的精神が成長するような空気を助長することに第一の責任をもつものである」などの同意をしたことです。

そして、1955年の「学習指導要領・社会科編」で「修身科で取り扱った各種の徳には尊重しなければならないものが数多くある」とさえ記述するにいたり、ついに1958年、岸信介内閣のときに、小中学校で週1時間の「道徳の時間」が特設されることになるのです。それでも、この段階では教科書や成績評価もない「特設道徳」でした。その後、２００２年、文科省は道徳の副教材として『心のノート』をつくり、全国の児童生徒に配布しましたが、どの程度使用されたのか、その「効果」もわかりません。

## 道徳の教科化を一気にすすめる安倍政権

ここまでは、まだ教科にすることは慎重でしたが、教科化を一気にすすめたのは安倍晋三政権です。安倍政権は２００６年、憲法に則してつくられた教育基本法を「我が国と郷土」愛を色濃くしたものに「改正」し、２００７年には教育再生会議に道徳を「徳育」という教科にするように提言させます。この提言は安倍晋三首相が退陣して実現しませんでしたが、２０１２年に第二次安倍政権になると、教科化が一気にすすみます。

２０１１年10月に大津市の中学2年生がいじめにあって亡くなったことが社会問題となったことを受けて、首相官邸につくった教育再生実行会議が、２０１３年2月に「いじめの問題等への対応について」という提言を発表して、道徳を教科にすることを求めたのです。

これを受けて、中央教育審議会が２０１４年、道徳を「特別の教科」に位置付けることを答申します。この答申で２０１８年新学期から小学校で、２０１９年春から中学校で「特別の教科　道徳」が始まったのです。小学校では１９４５年の修身が廃止になってから73年ぶりの道徳の教科書です。

教科書は「学習指導要領」というしばりが入りますし、文科省の「教科書検定」を通らなければなりません。現在、道徳では８社の教科書が発行されていますが、早くも次のような批判が出ています。

「子どもの日常生活や実感からかけ離れた架空の題材や昔話、自然科学、社会科学に立脚していない題材が多い」「人権、民主主義、個人の尊重、多様性を認め合うこと、暴力ではものごとは解決しないこと、など人類が長い歴史の中で獲得してきた価値にはほとんどふれていない」「〈考え、議論する道徳〉と言いながら、あらかじめ定められた枠の中でのこと」（糀谷陽子「子どもの願いにこたえる、子どものための教育を」道徳と新学習指導要領を考える集会でのレジメ）。

さらに、今回の「特別の教科　道徳」は担任が評価をしなければなりません。他の教科書のように1～5などの数値での評価ではなく記述式だとしています。児童生徒の心の中をどう評価するのでしょうか。

子どもたちは、話し合いの態度、ワークシートに記入した内容で評価されることを知っています。「道徳」の研究指定校の公開授業で、子どもが「今日は、ホントのこと言っていいんだっけ?」とつぶやいたといいます。そんなことを意識して学習することは、子どもの成長にプラスになるとは思えません。

教師の心の負担は増すばかりでしょう。２０１７年度に「心の病」で休職した全国の公立小中高校などの教職員は５０７７人（前年度比１８６人増）だったそうです（文科省調査。「朝日新聞」２０１８年12月26日付）。この数字が上がることが懸念されます。

弁護士の正木ひろしは戦時中に「教育勅語を暗記しておけば修身は満点である少年少女の教育。彼等の不道徳性はこんなところから胚胎する」（個人雑誌『近きより』１９４１年5月号）と修身教育の欠陥を喝破しています。

教育勅語を制定するとき、しぶしぶ協力した井上毅のことは、前に記しましたが、井上は１８９０（明治23）年6月25日付の書簡で山県有朋首相にこう書いています。

「百家競馳《きょうち》（多くの人がいろいろのことを言っている）之《の》時ニ於て、一《ひとつ》ノ哲理の旗頭トなりて、世の異説、雑流を駆除スルノ器械ノ為に、至尊《しそん》（天皇）の勅語を利用するとハ余り無遠慮なる為方に而《て》、稍《や》や眼識あるものハ、必当時教育主務大臣之軽率に出たりとして指弾するものあらん……今日風教ノ敗レハ世変（世の中の変化）之然《のしか》らしむると、上流社会之《の》習弊《しゅうへい》（悪い習慣）ニ因由ス、矯正ノ道ハ只《ただ》政事（治）家之率先ニ在る而巳《のみ》、決して空言ニ在らさるへし　空言の極　至尊《しそん》之勅語を以て最終手段とするに至りてハ天下後必多義を容るゝ者あらん」（手紙文は漢字、ひらがな、カタカナが混在しています。出典は『教育に関する勅語渙発五十年記念資料展覧図録』文部省教学局編纂、１９４１年）。

教育勅語が、発布から数十年後に日本人３１０万人、アジアの民２０００万人を殺す凶器となろうとは、井上毅も思わなかったでしょうが、歴史を学ぶ私たちは、井上のことばをかみしめる必要があるのではないでしょうか。

「特別な教科　道徳」は、第二次安倍政権が設置した「教育再生実行会議」の提言に基いてつくられたものです。「再生」とは「一旦死にかかったものが生きかえること。また、生きかえらせること」（『広辞苑』）です。「死にかかったもの」とは修身・教育勅語であることは明らかです。それは自由民主党が２０１２年4月に決定した「日本国憲法改正草案」の前文に「日本国は…国民統合の象徴である天皇を戴く国家であって…」とあり、第1条に「天皇は、日本国の元首であり…」とあることでも確認できます。

これは「詔勅の根本理念が主権在君並びに神話的国体観に基いている」として教育勅語を排除した衆院の国会決議や、戦前の「わが国家及びわが民族を中心とする教育の誤り」を認めた参院の教育勅語失効決議にも反することです。

こうした動きは、戦争や教育勅語体験者が減少したり、いなくなっていることと呼応しているように感じます。とするならば、この動きは今後ますます増長してくるにちがいありません。それを阻止するには「学習」しかありません。戦争や教育勅語の疑似体験の学習です。「教えるとは、希望を語ること」（フランスの詩人・ルイ・アラゴン）です。川井訓導も言っていたではありませんか。「児童に与へられる教材は……教師自身の感動あるものでなくてはならぬ」と。

児童生徒を相手とする先生方が発信元となって希望を語る学習の輪が広がることを願ってやみません。

# あとがき

「いまの天皇、皇后ってすてきじゃない？　でも、ちょっと考えてみない？」政治の力で「代替わり」がおこなわれ、「新元号」が生まれようとするなかで、ちょっと立ち止まってみよう、と、この本は生まれました。

「天皇が代替わりする」「元号が変わる」「教育勅語が復活しつつある」「道徳教育で点数がつけられる」…。みんな私たちの生活には関わりがないことのように思えます。

なかには、本編で書いたように、安倍政権の改憲・復古思想へのアンチテーゼを示している明仁夫妻への共感も少なくありません。

しかし、それだけですませていていいのでしょうか。憲法に「天皇」という制度がある以上、天皇制の在り方を議論するのは国民の責任でもありますし、権利でもあります。

「問題はやっぱり天皇制。「日本は天皇を中心にした神の国」、この思想を教育勅語、戦陣訓、軍人勅諭などで徹底し、疑問を差し挟むことを許さない修身教育で日本人すべてを染め上げた。その根幹に天皇制があることを忘れてはいけない」
「日本国憲法は、憲法9条で軍隊を持たず戦争をしない国とした。その半面で、国政に権能を持たない天皇の制度を認め、国民統合の役割を持たせた。将来はとにかく、自由で、人権が尊重され、世界の中で生きていく平和日本の構想はいまの実際の姿から始めるしかない」
「いまの天皇制」を考え、過去の「天皇制支配」について、きちんと見直して考えてみよう、という本書の企画は、そんな問題意識から始まりました。

あえて簡単に書けば、教育を中心にし、国民と教師、子どもたちを締め付けた国民統制のさまざまな仕組みは、まさに明治の天皇制がもたらしたものでしたし、その反省を受け、同じことを繰り返さないために、戦後、いまの天皇制度が生まれたのです。

それから70年経っていま、私たちには、改めて明治憲法下の天皇制を否定し、まず、日本国憲法に沿った新しい制度をつくっていかなければならない責任があると思います。

「天皇制なんかやめちゃえばいい」——。そういう意見もあります。白紙で賛否をとれば、多くの支持を得られる意見かもしれません。同じ人間、出自の違いによって、差別されることは許されない、という民主主義、市民社会の原理からいえば、君主制がなくなっていくのは、歴史の必然ではないか、とも思います。

しかし、じゃあ、いまの天皇制をどうしたらやめることができるのか。そう簡単なことではありません。

それは恐らく、日本の社会が、９条を含めて憲法が完全実施された、平和で民主主義が貫かれ、みんなに基本的人権が保障される社会になっていく過程で議論されるしかないでしょう。

いま、かつての防諜法や軍事保護法を思わせる秘密保護法、軍事同盟の時代を連想させる戦争法、治安維持法を思わせる共謀罪法など、問題法案をすべて「強行採決」で突破し、日本社会を「戦前」に戻しかねない安倍内閣が、「天皇代替わり」を利用し、明治礼賛、軍事大国化礼賛の天皇制キャンペーンを進めています。

そのなかで、「いまの社会はちょっと変だな」と感じているすべての国民に、この本を読んでいただきたいと思います。

２０１９年2月21日

岩本　努
丸山　重威

**岩本 努**（いわもと つとむ）
歴史教育者協議会会員、日本教育史研究会会員。
1942 年、静岡県周智郡気多村（現·浜松市）生まれ。早稲田大学大学院教育学専攻博士課程修了。法政大学、立正大学、中央大学、都留文科大学の兼任講師を歴任。
著書に、『「御真影」に殉じた教師たち』( 大月書店 )、『教育勅語の研究』( 民衆社 )、『13 歳からの教育勅語』( かもがわ出版 )、共著に『日本の子どもたち―近現代を生きる 第３・５巻』( 日本図書センター )、『あたらしい歴史教育 第３巻』( 大月書店 )、『教育の「靖国」』( 樹花舎 )、『これならわかる天皇の歴史Ｑ＆Ａ』( 大月書店 ) など。

**丸山 重威**（まるやま しげたけ）
ジャーナリスト、ジャーナリズム研究家。日本ジャーナリスト会議運営委員、日本民主法律家協会理事。
1941 年、静岡県浜松市生まれ。早稲田大学卒、共同通信社に入社し社会部を中心に取材活動。2003 年から関東学院大学同法科大学院教授、中央大学兼任講師として「マスコミュニケーション論」「ジャーナリズム論」「法とマスコミュニケーション」などを担当。
著書に、『新聞は憲法を捨てていいのか』（新日本出版社）、『安倍改憲クーデターとメディア支配』（あけび書房）、『住宅の真下に巨大トンネルはいらない！』（同前）、編著書に『これでいいのか福島原発事故報道』（同前）、『これでいいのか！ 日本のメディア』（同前）など。

**これからの天皇制と道徳教育を考える**

2019年3月10日　第１刷発行
©
著　者――岩本 努、丸山 重威
発行者――久保 則之
発行所――あけび書房株式会社
102-0073　東京都千代田区九段北1-9-5
☎03.3234.2571　Fax 03.3234.2609
akebi@s.email.ne.jp　http://www.akebi.co.jp

組版·印刷·製本／モリモト印刷　ISBN978-4-87154-163-3　C3036

## あけび書房の本

CDブックス
### 日本国憲法前文と9条の歌
うた・きたがわてつ　寄稿・森村誠一、ジェームス三木他　憲法前文と9条そのものを歌にしたCDと、森村誠一他の寄稿、総ルビ付の憲法全条文、憲法解説などの本のセット。今だからこそ是非！　1400円

### 「戦争のできる国」ではなく「世界平和の要の国」へ
金平茂紀、鳩山友紀夫、孫崎享著　今こそ従米国家ニッポンからの脱却を！　安保法即時廃止！　改憲絶対反対！　などを熱く語る。　1500円

アベ政治を許さない！　わたしたちは絶対にあきらめない！
### 安倍壊憲クーデターとメディア支配
丸山重威著　アメリカと一緒に戦争のできる国日本でいいのか！　平和憲法守れ！　この国民の声は不変です。アベ政権のメディア支配も解明します。今の困難を見据え、これからを闘うための渾身の書。　1400円

安倍政権の「死の商人国家」「学問の軍事利用」戦略
### 武器輸出大国ニッポンでいいのか
望月衣塑子、古賀茂明、池内了、杉原浩司著　武器輸出3原則の突然の撤廃、軍事研究予算を大幅に拡大、外国との武器共同開発、外国への兵器売り込み、アメリカからの武器爆買い…などの実態告発。　1500円

価格は本体